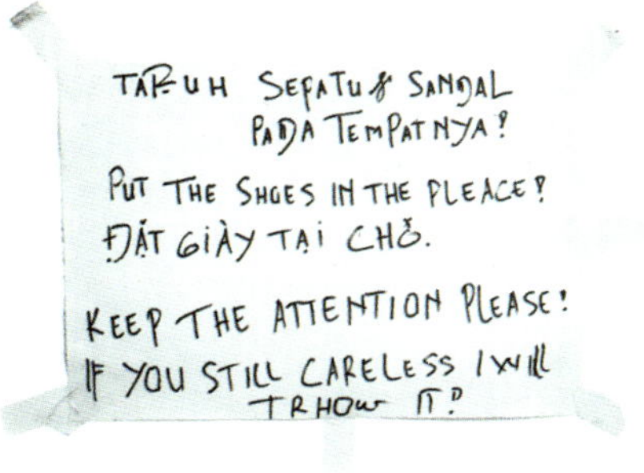
TARUH SEPATU & SANDAL
PADA TEMPATNYA!
PUT THE SHOES IN THE PLEACE!
ĐẶT GIÀY TẠI CHỖ.
KEEP THE ATTENTION PLEASE!
IF YOU STILL CARELESS I WILL
TRHOW IT!

如此人生

林立青/著
赖小路/摄影

中国工人出版社

目录

谋生之道

刻板印象

慢性耗损

后记

谋生之道

酒促小姐

那女孩的胸部垫出了乳沟，不自然地在旁推销啤酒，酒客来来往往，女孩低身说着:“试试青岛啤酒好吗？”那桌全是男人，只喊着:“妹妹要不要陪喝？”女孩尴尬地推托了两句，在开瓶之后，微微举起酒杯，啜饮一口后低下了头，几个男人继续起哄，最后她满杯一饮而尽。

一阵笑声后，那桌男人终于将她的啤酒端上桌，在满满的台湾啤酒罐中，终于有了她身上那件紧身衣服品牌的一席之地。我知道这不会是第一杯，更不会是她今天在海产摊的最后一杯。

她是酒促小姐。

据我的了解，多年来，这些出没在海产店的女孩待遇越来越差，二〇〇〇年时尚有劳保，在二〇〇九年以后已不复存在。做过这行的女孩自嘲:领的时薪也和她们的姿色一样愈来愈低。

二○○○年前后的酒促小姐是全新行业，没人想过有这样的桌边服务，从夜店、BAR到海产店都有，她们以年轻的声音推销各式酒类。我所在的环境所能接触的只有海产摊内的啤酒小姐，她感叹在二○○○年时，每小时有三百五十元（除特别指出外，本书所指皆为台币），现在的酒促时薪只剩两百元，过去有兼职人员的劳保，现在则是一无所有，连正职人力也算不上。

那些衣服和鞋子统统不适合女性活动。紧身上衣只能靠胸垫撑起，材质低劣，总在脱下时呈现大量的箍痕；有些衣服的设计没有肩带，甚至根本无法穿胸罩，乳头周围可能因摩擦而肿胀。夏季时，胸垫遇流汗易引起皮肤过敏，胸乳下缘则可能长湿疹。海产摊到了冬天卖起锅物*，这些女孩有时分到公司制服能有背心穿，但更多的是依旧如同赛车女郎般的衣物，加上垫高的鞋跟、秀出半截大腿的短裙，全部都是在限制这些女孩拿酒、开酒时的活动范围。这样的设计让女孩“端庄”而“有气质”，毕竟

*锅物，指类似麻辣烫的锅，通常可以加入作料，也可以随到随吃。

没有人在意她们回家时微微外弯的脚趾，也没人听见她们在被窝中因脚底板抽筋的啜泣，还有那像是血痕一样，脱下衣物的痕迹。

这些女孩的身份是尴尬的。带有老婆、孩子的男人喝酒少，虽说这样的客人容易服务，但可能整晚仅有一罐而已。都是男人的桌上会喝也爱喝，却容易因为都是男人，见到一个女孩举酒推销，便直接吆喝起来，将餐厅当作酒店般催促开酒、陪酒。

所有的酒促小姐都被公司明定:不可喝酒，不可坐下陪吃。这原先是用来保护女孩的，但喝酒的男人喜爱夸耀，更喜爱突破禁忌，当众要求小姐陪喝是免不了的，有时借此要挟店家——我不止一次看见满桌的男人要店家绝不可当“抓耙仔”（向官府告状，打小报告的人），接着要求小姐敬酒助兴。若这时候店家有足以圆场的人也就算了，更多时候，只能看在客人生意的分上唯唯诺诺。

于是一杯、一杯，再一杯。

不景气的时候，这些女孩是不会有额外福利的。有时喝了酒只能搭乘出租车，这些开支可能就吃下一小时以上的薪水。但既然公司不准喝酒，又怎么可能报销呢?

公司排出的班表不止一家店。所有和姿色有关的工作都有一个道理，那就是:男人喜新厌旧，就连倒酒的也不例外。酒商会换班，但不会让你在同一区域换班，通常以九点作为换档时间，有些酒商要人从中和骑到景美，或是自新店赶到万华。这在天气尚好的季节尚可，若遇下雨或寒流，则只能自求多福，酒商宁可请来明星代言、送上人形广告牌，也不可能补贴这些女孩的出租车资。我也看过酒商送上那些明星代言立牌，却是由女孩负责组合、整理和收纳。

店家对这些女孩的对待也各有不同。好的店家把女孩儿当作自己人般保护、照顾，但总有些老板连自己的员工都不善加照顾，遑论这些临时人力。

醉倒的女孩曾经对我哭诉店家整天恶意欺负她:若她敬了酒营造气氛，店老板就责怪她违反公司规定;若她不敬酒，扫了酒客的兴，老板又会向酒商投诉她态度恶劣。有些店家将酒促小姐当作免费人力使用，又要她整理冰柜，又让她协助点菜，当酒客上单时却尽是推荐杂牌高粱酒，到头来，小姐空站一日，还可能达不到当日业绩。

这些女孩若是全班，整日下来约有千元，剩的就看业绩奖金，这也是真正痛苦的来源。这些女孩既然是卖酒的，就自然有人认为是陪酒的，只是在公众场合，毕竟还是多了些保障，但也只是些微的保障——一旦无法劝进酒品，很可能整个晚上对店家、酒客以及公司都无法交代，又有谁能在这样的多角关系中久待呢？我所遇过的酒促小姐，有些干脆转为酒店小姐，有些则是早早离开这个环境，不再以酒促为业。

这些女孩告诉我，当业绩催得紧的时候，有时看着酒客当面拿起其他厂牌的啤酒，只因为自己不肯陪喝，那无奈和无力感油然而生。又有时，必须拼业绩，但明知开瓶的客人将会酒驾，这种种场景令人无奈，却只能继续赔笑推销。于是一瓶、一瓶，再一瓶。

卖酒的人在夜间服务起其他人，不乏我这种类型做工的，这些酒促小姐也说，若是到大型一点、好一点的地方，店家就不再毛手毛脚，或者在制度完整些的公司，酒促小姐一样可以安全无虞，就只是推销而已。

多年以后，我带着曾经从事酒促的女孩前往钓虾场，原先感觉钓虾无聊的她居然因为看到另一个酒促小姐而激动起来，一口气跟她上了一手（六瓶）燕京啤酒，和另一名更为年轻的酒促讨论起推销心法。我不会钓虾，技术一向很差，便听着两个女孩讨论，这才惊觉连钓虾场都开始有了酒促小姐，她们在一圈池子的周围推销，推销那鲜为人所知的啤酒。

两个女孩研究起各种方法，我吃虾，喝酒。

只有她们知道这酒有多难销，也只有她们能相互在小圈子里讨论，我只是一个记录者而已。

八大女孩

我在酒店里和女孩聊天，身旁的小蔡已烂醉，倒在沙发上昏沉着说要休息一下。他其实是个好人，相较于其他验收单位的公务员，他不烟、不酒、不赌、不嫖也不收红包回扣，已经很难得，这次前往酒店纯粹是为了开开眼界，这也是我们每天在他面前瞎扯酒店经验的结果。

我第一次上酒店是在当兵前，那时的工地朋友们劝说着真知灼见的名言："当兵要么有关系、后台硬，否则会抽烟、会喝酒、会赌、会嫖、会上酒店，绝对是好事。"

当时不懂，等我当兵后，一切都懂了，一群年轻的成年男子过着高压的单调生活，最好吹嘘的就是对待女人的态度或经验。在基层劳动环境中，没结婚的男人自然能理所当然地上酒店并且召妓，不只工地如此，军旅生活更是如此，吹嘘自己玩过多少女人确实是一件值得扬扬得意的事。人与人相处时最怕没有话题，但兴趣要找到同好实在困难，诉诸人性的原始本能就成为最安全的方式。

身旁的小姐问起我们还要待多久，我说把最后这一个小时过完，她们要唱、要跳、要休息都无所谓，我再喝下去可能也不行了。倒下去的小蔡悠悠清醒了一下，上完厕所后，又回过头来抱着婷婷，问今晚能不能陪他。婷婷笑着把小蔡的头埋在她胸前，说:“我这不就在陪你吗？”两人笑了起来。小蔡继续撒娇，婷婷继续装傻，从小蔡失恋以后，我还没有见他这么开心过。

一群男人在高压环境下，什么都可能引发争执:讨论起学校出身可能变成呛声，说起名车、名表如同炫富，到PUB开包厢，无疑等着被说是富二代。只有吹嘘自己对女人的手段或是上酒店、应召站的性能力和魅力，使人无从查证。这种话题适合群聚的男人互相交流，毕竟吹不破的牛皮人人爱听。

这不只在军中有用，当我到了工地现场，发现这一点依旧实用无比。工地现场的人们对于上酒店的看法和一般社会不同。在女性占多数的工作环境下，讨论起酒店的话题，几乎只

Oshare
オシャレ
BAR 1000
Bar
鮮燒烤、活蝦料理

南無阿彌陀

能描述景气不好的无奈，但以男性为主的环境，则将酒店内的从业人员当作商品或是猎物。然而，不管哪一种方式，都无助于真正了解这些女孩们的生活和心声，而多是道听途说。

所以我带小蔡来，他不是我第一个想上酒店的朋友，甚至他同事早就说要带他开开眼界。但许多人上过一次酒店就会因为高昂的消费而止步，并非我们不爱聊天、喝酒的模式，而是真的消费不起。十年来，酒店收费未曾增加，景气却愈来愈差，上一趟酒店的开销是整整一星期的生活费，我们两人这次待三个小时的消费约略是一万二，对于上班族来说不可能天天报到。这也成为我后来评断吹嘘经验的方法：一个三十岁上下的工程师，很难负担得起每个月都上酒店的开销。

小蝶又为我倒满了酒。

今天来的酒店算得上是正派经营，小蔡没有要脱女生的衣服，他想的是哪里有漂亮又可以谈话的女生，这让我想到第一次上酒店时，领头的公司协理——他夸耀着酒店的各种细节，对着刚毕业的我吹嘘自己的能力，胡言乱语地说："要什么样的女生，等一下你自己挑！"

我感叹地想起那时候听他说各种行话时，我好像发现了新大陆一样地专注。“小林，等会儿副总廖姐会传简讯给你，这要一起看，‘秀舞’就是脱衣服在你身上跳舞，‘不回穿’就是女生脱到剩下内裤，陪你到结束。你要什么服务，都可以先告诉廖姐。”当时我对于“副总”等头衔感到炫目，想着似乎是很大很大的职位，后来才知道这些副总经理都只是小姐口中的“干部”。干部的工作是带人进入酒店，买单或签账也必须靠他们处理，换句话说，就像是酒店里负责招揽生意的业务员，靠着稳定的优质客源，提升自己的地位。

真正和酒店小姐有关的还是店家和经纪。店家的环境与营业风格决定了这家店的定调。一些店家致力于鼓吹小姐“敢玩敢脱”或是“出场赚外快，大家都好”；另一些则是对于小姐尊重，风格保守许多。这些店家各有手腕，酒客也各有所好。

小姐们对于每一家店的风评传得飞快，毕竟在等待上场的时间总要找点事做。除了聊八卦或交换情报，过去有些酒店会在休息室内放上漫画和电视，现在则是各式充电器，大家在没有坐台的时候，依旧“轮班”排队充电，玩起手游或是追剧。

如此

人生

我们工程师聊到酒店话题时，少数人以终身不去当作个人原则，理由像是:“我很爱我老婆”。而多数人都去过，极少的人才是一有空就去。

真正去酒店谈生意的不会是我们这些工地的人，像我到酒店时，喜欢跟小姐和经纪人闲聊，他们告诉我，谈生意的还是以商人居多。他们遇过的最好的客人大多是酒商，一来稳定，二来是应酬，三来不会闹事。

小姐、经纪人和少爷们最喜欢的话题是讨论奥客（对服务员提出无理要求，或者在店内行为不检的顾客），在酒店时若是气氛尴尬，不妨直接问起小姐:“你遇过什么样的奥客?”每个小姐都能细数奥客的各种恶心行为，有咸猪手的、发酒疯的、吹嘘个没完的……再细问下去，各种男性的奇特样貌愈来愈立体起来:有的男人一坐下来就要嘴对嘴地亲亲和摸胸部，有的酒才喝两三杯便只想要女生陪出场，更有人醉后夸口自己有钱到一〇一大楼是他盖的。相较于男人在酒店外的吹嘘，酒店里的这些女孩观看男性的方式则更为直接、具体。

任何人都是靠着自己的天赋能力，或外貌、身材，或体力、耐力，又或是聪明才智、口才、观察力等，在社会上谋生，只是由于大众接触的深浅，以及社会对于不同职业的保障与关注而有不同差异。这些女孩在身上装扮打点，在工作时陪伴同乐，服务倒酒，又和其他职业有何不同？清白的遗产没有不拿的道理，自身的长处又为什么不能作为谋生以及改善生活的方式？如果陪伴不重要，那养生村*在热闹什么？而为了工作去忍耐顾客的情绪，不正是所有服务业都面临的问题？何况我们的社会鼓励装点外貌，政治人物及企业家的仪容还有专人打点。我找不到贬低这些女孩职业服务的任何理由。

这些女孩通常自称为“八大”*，和任何职业一样，她们自有一套联络的网络系统及信息交换天地，在专属的网络留言板上讨论哪家店有什么独特的新制度，或者会佛心地保护小姐，或者恶意地低价竞争等，除服务的内容以外，和我的工作职场没有两样，都属于不受社会制度所保障的一群，自然也不爱政府。

因此，每当我到这里都倍感亲切，或许是因为与她们一起骂官、骂警、骂政府时的经验相符。统治阶级总是拿弱者开刀，酒店小姐们

*养生村，指老人可以聚在一起，提供良好照顾以及各种休闲活动的地方。

*八大，指台湾以八种类型场所代指的八种行业，分别是：视听歌唱业、理发业（指有包厢区隔的理容业）、三温暖业、舞厅业（有陪侍者）、特种咖啡茶室业（有陪侍者）。通常隐含着不同程度的『性服务』。

是不受怜悯的，所谓扫黄临检成为另一种对她们的压迫，警察临检的各种业绩也都用无法抵抗的人去凑数。在社会制度不保障的状况下，这些女孩对于星象、命理特别有感，毕竟现实的歧视赤裸且明显，不论她们行善积德或是捐款助人。整个社会喜爱消费女性的青春肉体，却又指责以此为生的人。

台湾人笑贫又笑娼，笑贫就可以不去面对社会不公，笑娼就可以无视于结构压迫。

这些“八大”女孩来这里工作，当然是为了钱。但又有谁的工作不需要考虑收支呢?

小蝶之前在火锅店工作，每个月休五天，只赚三万元，私立科大毕业的她到台北生活，结果是慢慢刷爆了信用卡。她说：“我来这里就是想还钱，四个月的时间，我还了银行十五万。一年后，我想把助学贷款还完。”

婷婷则是来去几次，她说：“酒店的收入其实也没有我想象中的高，只是在外面工作更难……”她头一次进来也是因为卡债，原本以为换工作可以改善生活，结果遇上惯性欠薪的恶老板，欠了两三个月的工资，又回过头来说她们能力不足。她曾经存了二十万元，便转而去摆了个卖手工包包的小摊位，四个月后就因生意不佳而无法继续下去，那是她第二次回来。这次她是因为想搬家，前后思量着该怎么办，选择了回来。

“如果尺度大一点，每个月确实可以赚超过十五万。”两个女孩都这么告诉我。但她们的收入在七万元至九万元之间，能够在台北生活、还债，并且都养了猫或狗做伴。

我不止一次听到这样的故事，愈听愈发现社会是残酷的，不论对于年长或年幼者，社会给予弱势者的机会愈来愈少。掌握资源的人所做的永远是把资源掌握得更牢。如果这些女孩的收入好，那或许她们能有更多选择，但她们并非名校毕业，媒体的镁光灯也都只专注于这个群体的谣传与八卦上，如同男人们在军营内的吹嘘一般，只是让她们更不被理解。

我们不该强求受歧视的族群直接面对社会压力。总有人以各种夸大或极端的案例，来强化关于酒店的各种“刻板印象”：有人上酒店玩到倾家荡产，有人在这里吸毒、打架，有黑道控制这些店家……至于“快钱赚久了，人会完蛋”的说法，则是刻板印象的另一个面向。社会先是边缘化这些群体，强加上道德的框架后，再来责备选择加入的人。然而，无论是

出于无奈还是自愿的，又有谁应该被如此的道德强压？

匿名的网络一样好不到哪里去。有大量的酒店公关经纪在网络上写了各种招徕罐头语*：“给想赚钱的你”“梦想与未来，就靠这两年”……仿佛酒店可以改善你一切的问题。加上匿名网络尽可以对于女性羞辱或是攻讦，举出几种夸张的样态来抹黑。我们的网络看不到真正有意义的去污名化，或者为她们组织工会的支持。历史与文化在塑造女性的美德样貌时，无疑地，对于无力选择的人也是一种压迫。

那天晚上结束后，我再也没有去过那家酒店，也没了婷婷和小蝶的消息，可能我连名字也记错了。我只记得那晚离别时，空气特别冷，冷到让人想着如果能一直待在里面该有多好。

欢场如果可以让人忘却现实便已经足够，又何必强要“八大”女孩承担其他责任？

*招徕罐头语，指一些顺口或是吉祥的空话，比如恭喜发财，走过路过不要错过之类。

姐妹们

我踏进酒店时，注意到接待我的筠筠手上拿着威廉·戈尔丁的小说《蝇王》，她对我强推说这是她家里最好看的书，她还大力推荐给店里的姐妹们读。听筠筠讲得神采飞扬，我也只能含蓄地回应：“但是这种黑色寓言的内容，好像不大适合拿到酒店来谈……”

旁边的小姐们正在整理包厢，再过半小时，她们要上日文课。这样的课程让小姐们晚一点能和客人有话题聊，大家一起上课还有另外一个好处，晚上酒客就算换了不同的小姐，同样的话题仍然可以继续聊下去。

尽管年轻，但这里的女孩在应对上颇为成熟，从我入店后，无论是店长还是其他的小姐们，对我都端庄、有礼貌地接待。

过去，我是踏不进来的，这种地方相传是开给日本人来台时光顾的。早期有大量日商干部驻在台湾，形成了这里独特的酒店生态，日商系统的营造公司技师在夜间前来，多半只是到此喝酒，独自离去，少数时候则带着一两个朋友一起来，在此吐露怨气或者放松谈话。

这些日式酒店现在逐渐没落了，但也因为没落，反倒有另一番风格：典雅、有气质的装潢，细腻且经过设计的招牌以及大门。这里其实没有众人所想的大包厢、大麦克风，取而代之

的是吧台与简单的茶点，几片水果、饼干，就要想办法让来客留下。筠筠说：“在这里工作，你得知道如何展现自己的魅力。每个人的魅力都不一样，要有办法让男人看着你。”

吧台上摆了一沓以日文印制的台湾娱乐旅游导览书，内页刊登各个店家的简介、地图等，里面就有这家店内小姐的照片，两位女主人站在中间。她们的照片都没有太多地修图，只见她们眼神坚定地看着镜头，似乎在说：“你看，我们很美吧！”从照片看起来确实妩媚，眼神微微低垂，配上微张的红唇，她们确实很美，那是“喜欢这样的自己”的结果。

两个老板娘告诉我，前来应聘的小姐如果有两个特质最好：第一是魅力、气质过人，能够应付各种来客；第二就是有能力与客人同情共感，客人哀伤时，她跟着哀伤，客人欢喜时，她一同雀跃。老板娘这么形容：“他一秒开趴，你就得跟着哈哈大笑。还有，若他要你听他说话，那你的眼睛就得盯着他，盯眼睛、鼻子、嘴巴或耳朵都可以，总之，就是盯着他的脸。”

聊着聊着，话题来到了“奥客”，一位叫瑞希的小姐气愤地说起有个酒客在醉倒以后与她互殴。她至今仍旧生气的并非客人酒后失态，而是原本他说要亲自前来道歉，隔天来了以后却装作没事一般，还私下要人传话给她：“我和日本经理们关系很好，惹我的话，就让你在酒店业混不下去。”但是她的两个老板也不是吃素的，这种不把人当人看的低级威胁当然无效，只是她止不了气愤。她说：“我们希望让客人来了以后觉得时间过得很快，很开心，但并不希望客人是来羞辱人的。你可以不要来，不要理我们，但你为什么要羞辱我们。”

我无言以对。

曾有几个在酒店工作的女孩读了《做工的人》之后，与我联系，一方面高兴我描述陪酒小姐、性工作者等的不同面相，但另一方面反映，我只写出私娼、新住民和身障者从事相关八大工作，也应该来写做这行的年轻女性——主流社会总是带着独特的有色眼光看她们，却忽略了这些年轻女孩在自己工作场域的敬业态度与服务表现。大多数人对于这样的环境并不理解，除了鲜少接触之外，也因为大众的价值观依旧保守，社会阶级的划分鲜明。

有位私娼告诉我，若非过去带她入行的大姐罹癌，她绝不至于生活出现问题，言谈间对于那位大姐尽是缅怀，如同自己亲生的母姐一般。而在这里，我看到同样的场景：年长的女性正用自己的方式，教导年轻女孩脱离贫困。透过较高时薪的工作内容，女孩有机会实现财务自主。同时，这些姐姐们也是经验的分享者。

筠筠是我的朋友，身为酒店经纪人，她希望能够让人们理解真正的酒店文化，每天在脸书上写着小姐们的各种趣事。她也鼓励同事们进修，听说店里有个妹妹想要重新读书去考高中，认真盘算着该怎么帮忙。

“做八大不可以不长进啊！她现在还年轻，但不努力的话，将来会很糟的……”她语重心长地说。

高职毕业以后，筠筠便进入八大行业，认识了各种前辈，在她看来，没有继续升学，反而可以趁早学习到更稳重的处事原则与应对进退方式。然而，尽管自己厌恶升学主义，她依旧想破头地帮想念高中的年轻女孩找学校念。这个妹妹是因为被同学排挤而从学校中辍来这里工作，现在想离开这行，继续回去上学，同时又需要存钱，于是向筠筠求助。

不只筠筠想帮忙，其他姐妹们也七嘴八舌地讨论起各种进修学校，帮女孩想着有哪些可利用的渠道。

我在一旁想的是：如果我们不经思索便尽信对于这个环境的误解，甚至一竿子打翻所有从业者的认真和努力，那这些店家所提供的工作机会，以及这些姐妹们在这里所培养的情谊，又该如何评价？旧有的传统观念究竟是给了稳定传统人际关系的标杆方向，还是造成了社会的偏见以及歧视，反倒阻碍了原本有机会翻转阶级的少数渠道？

我们继续讨论着台北的各种补校，聊到有些补校标榜校风自由，只上半天课，但这样好不好则见仁见智。我倒是建议妹

妹可以考虑这样的学校，告诉她："学历并不是唯一能让你被看见且被认证的渠道，更重要的是你的应对、能力和经验。"

说到这里，我自己却有点心虚起来。我的确是这样认为并且深信着，但我也很清楚，社会上的大多数人并不理解这样的说法。

酒店也分等级，但不管是哪一等，像我这样的劳工阶级根本不可能轻易进门，台北市大多数的酒店消费两小时下来，每人得花上五千至一万，对我们是不小的经济负担。即使各付各的，我一个月的薪水都负担不起上一个星期的酒店消费。我们通常跟着师傅们去简单的"小吃部"，每人只花费两千元，还可能有特别服务。

我会上酒店，大多数时候是跟着经理、主管一起，或是他们要我领人去，目的是让验收顺利，或者在工程搞到大家抓狂时慰劳一番，这种场合，我只是陪喝而已。

常常在验收过后、领到工程款以前，我们会带着业主前往酒店，当作"酬谢"。所有公司都希望管理者与付钱的业主能够保持良好关系，这是重要的评核指标：无论管拨放工程款的人喜欢什么，你都应该配合；一个愿意为你上签呈的公务员，绝对值得你花上万把元去温柔乡招待——愿意和你一起去吃喝、找乐子的公仆，比铁面无私并找麻烦的公务员好。

有时我们跟着去，坐在旁边听经理、老板们仿佛不经意地提到“工程管理靠关系”，还要私下拿起手机问领台姐姐，能不能让长官们带看上眼的小姐出场。

说到此，我一样是顺应社会的既有印象行事，毕竟从事工程现场工作多年以来，总有些话题百聊不腻，“酒店”就是其中之一。有钱的厂商、工头们吹嘘着各种经验：“那妹子一看到我就甲意（喜欢）。”伴随着旁人穿凿附会的臆测，或是将听来的故事混杂升级成为各种“更新版”。

在以男性为主的工程现场，男人与男人聊什么都容易意见不同，甚至起纷争。为了避免不必要的冲突，彼此之间有一套独特的应对默契：如果是为了要拉近距离、表示同理或交个朋友，那对话宁可俗气，也最好不要自以为高雅。不过，到了酒店里，大家倒是表现得高雅许多，尽管男人来这里时总是消费，很少有人去问过他们的感受。

我要离开时，那个妹妹已经梳妆打扮完毕，深邃的眼神、立体的五官，梳妆后的她有一种独特的气质，经过适当打扮，不管任何人都会多看一眼，受她发上的配饰，以及眉、睫之间的金色亮点吸引。

“很美对不对？”她问我，接着自信满满地走入包厢，准备今天晚上的课程，以及再晚一点要开始的工作。

隔天早上，我整理了一份要给筠筠的书单，推荐给她一些流行的或有意义的书和电影，让她与姐妹们分享。同时我也想到了筠筠口中的“妹妹”，想着有什么学校能够接受她，让有心要念书的她顺利复学。

每天，我仍继续追踪筠筠的脸书。希望她们都好好的。

爱天使猫舍

我对小爱的了解并不多，但她的故事让我听了忘不了。

第一次见面时，她听说我是监工，便聊起她的妈妈在工地跟着兄长做泥作小工。母亲向她和妹妹提过几种版本的父亲，但她只知道父亲自从承包工程欠债后，就再也没有回家。

读二专时，她开始在通讯行打工，毕业时的薪水两万六，扣掉每个月固定给母亲的一万元，生活、朋友交际的各种开销让她压力日增，只好和男友轮流刷信用卡及现金卡分摊。她对男友死心塌地，也顺利熬过了男友当兵，反倒是由于两人都没有存款，男友退伍后，现金卡刷爆了，认为都是小爱不会持家。两人在分手时互相责备的所有话都难听又伤人，小爱认为都是因为自己没有钱，不过没了男人的未来，也就没了压力。

她是在二十六岁时走入八大，当时的景气还好，人们都说，苦日子终究会过去。

等台的时候，她想着未来。当时几个好姐妹一起讨论着如何存钱，其中有两个姐妹说要开店，隔天便学起拼布及手机包膜。每天到了酒店后，她也跟着在休息室里以一颗一颗水钻粘上手机，拼出梦想。

那时候酒客花的台钱一小时一千七百元，坐台的小姐则以十分钟计，每十分钟可以领到一百五，时薪近千元的工作不算差。她把现金卡的债务还完后，没想太多就咬牙买下一间电梯公寓，立刻带母亲和妹妹搬离了那间四楼加盖的小套房。

第一家酒店，小爱只待了半年，换去第二家后，每十分钟从一百五十元涨到一百七十元，加薪靠自己，她也不再那么在乎外界的眼光，反而有了另一种自由。在酒店工作两年，除了还清卡债和二专的学贷、买了房子，相机里也多了她带妈妈去泰国玩的合照，当时母女俩看着大象表演，开心地笑着说："原来大象也爱钞票！"

那两个姐妹真的开了手机行，主打美女服务，小爱她们都是股东。有一段时间生意还算不错，没想到遇上了金融风暴。

那段时期，陪伴小爱的是一只叫“天使”的猫。姐妹有一天去手机行开店时，发现后方巷口有声息——几只未睁开眼的小猫喵喵地叫！那几只小猫被带进店内，大家讨论后便各自带走，小爱选了一只纯白的，取名为“天使”。

金融海啸之后，来年的消费券虽然让日子比较没那么难过，酒店却少有生意上门，接二连三地倒闭，为了求生存，店家要么更加大胆，要么就是更加单纯，也不保障小姐们的台数。但她们本来就比其他女孩坚强，一方面在通讯行排班兼差，另一方面各自努力，小爱为每个人的手机都拼上了白猫水晶。她说，那时她感觉自己倦了，两年的酒店生活让她觉得单调乏味，还有两三次因宿醉而无法到手机行开店。

她决定转做护肤油压。

通讯行的生意愈来愈差，但她们还撑着。油压店的客人每次消费两千三百元，小姐实拿一千二百元，剩的归店家和总机。如此兼差，小爱每月也能够挣个四五万元，每周八小时轮三次班，赚的反倒比在通讯行拿的多。

她们的小店后来是因为二房东跑路而收起来。小爱说她其实没有赚到钱，大家都是股东，扣掉租金、开销后，所剩无

儿。那家手机店唯一带给小爱的收获是“天使”。

在油压店工作一段时间后，小爱交了男友，是一名年轻警察。几次约会后，她才知道原来年轻警察是八大消费的大宗，他们忙着轮班，休假不定，没有时间交女友。

男友说，他喜欢小爱大方对她笑的样子，转而则抱怨父母催婚，但是他对介绍的对象一点也不熟。小爱听着听着，觉得喜欢上他了——她喜欢这个男孩的单纯和善良，店内没有的服务，全到他家给他。她想着自己终于也可以选择伴侣和家庭了。

如今提到这一段，她却这样感慨：“和警察交往一点也不好，像一只老鼠被猫逗。”

在小爱的手机里，男友的昵称是“天使”，他警帽上的鸽子就像天使。只不过整段恋情，她的“天使”警察都在教她说谎，一下子要她：“跟我妈说你在医美诊所上班就好。”一下子则是：“你就说你只想当家庭主妇。”结果他们只交往了半年，因为老人家去做了婚前征信。如果是在男友的租屋处发现她在酒店上班的记录也就罢了，偏偏老人家花钱买来的证据是：网络上关于“美女通讯行”的讨论热烈，便凭几张低胸清凉照认定她不是正经人，要儿子去和国中女老师相亲。

这场恋情是悲剧，但没有结尾，警察再也没有打电话给她。“婊子有情，警察没种！”小爱说。

她又回去酒店上班了，失恋刚好可以喝酒，玩得更疯、更狂——直到有一天，她在旅馆里醒来，什么都不记得了，只有前一晚让客人带出场的印象。她望着桌上的安非他命和K他命，呆了半天，回家后先是验孕，接着猜疑自己是不是被拍了裸照……恐惧让她惊醒，她在家里抱着爱猫“天使”哭了一夜，决定戒酒。

这时候的小爱三十一岁，看了看各家通讯行的待遇后，只能叹气。不景气的状况越发严重，加上各式的“小吃部”兴起，以自由行为入境渠道，东南亚的性工作者削价竞争，小爱这样的小姐，要保持价格，只能更往都市集中。小爱想：自己从小喜欢化妆，又习惯性感打扮，不如就去学做新娘秘书或是卖情趣用品好了。只是正在想时，母亲开始消瘦了……

最先发现的是舅舅，要小爱的妈妈去做检查，但她没去，

如此

人生

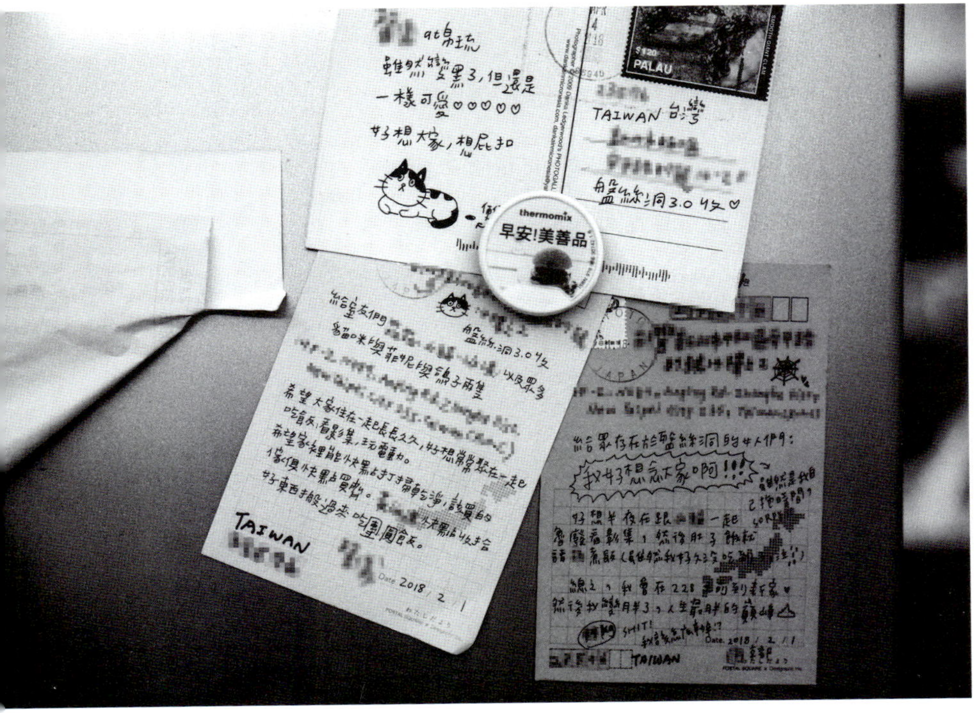

雖然變黑了,但還是
一樣可愛♡♡♡♡♡
好想大家,想屁扣
PALAU
TAIWAN 台灣
盤絲洞3.0
thermomix
早安!美善品
盤絲洞3.0
希望大家住在一起長長久久,好想常常聚在一起
吃飯,看影集,玩電動。
好東西搬過來吃團圓飯。
TAIWAN
Date 2018/2/1
我好想念大家啊!!!
SHIT!
Date. 2018/2/1
TAIWAN

等到整个人真的不行的时候，他们才发现是癌症。小爱和妹妹开始陪着妈妈跑医院，而看病最大的压力在于母亲没了收入，陪伴的小爱也没了。母亲出院后，小爱决定白天在家休息，晚上由妹妹在家陪妈妈，她则去当“凤姐”。

“楼凤”的生活就是在房内等来客进行性交易，一个房间同时只有一个小姐，隐密性和安全性由提供楼的老板决定。老板总说这一行景气不好，小姐难搞，在二〇〇九年以前，每次三千两百元，其中小姐实拿两千；金融海啸后，每次收费降为三千元，小姐一样实拿两千。

这样的工作是被大众窥探、议论的，但对小爱来说是一种可以赚钱的方式，平均每日接三至四名客人，只要一天赚到四千元以上，生活就不成问题。有些酒店小姐讨厌这工作，她却认为这种生活形态反而相较于酒店单纯，上、下班还算固定，没客人的话可以提早下班，又不用喝酒，也不需要负担业绩压力一直call客，比较麻烦的只是需要一直洗澡，皮肤要抹乳液。

做了一年，流量无上限的网络是她最大的陪伴，直到有一次，警察到楼上要逮毒趴结果扑空，顺势就把她们抄了当作出勤的业绩。在警局内，小爱被警告永远不要踏入这个辖区，当时她又羞、又气、又怒，又在心里笑着想自己原本要嫁警察的，结果警察只会欺负她！

出了警局后，朋友介绍她去做三温暖。警察的恐吓抵不上现实生活的经济压力：房贷、水电加生活费，以及各种医师建议的、她想在最后日子里给老人家的，都需要钱。

母亲受病痛折腾时，姐妹俩请了移工来照顾，虽然一个月得花两万五，但是面对日益衰老的母亲，她们实在忍不下那份心痛。一年后母亲离世，两人用母亲的保险理赔金还清了房贷。

母亲走了以后，猫咪“天使”也跟着走了。“天使”死的时候，小爱和妹妹一直哭，但妈妈死的时候，她们只有出殡的那天哭，因为妈妈苦命太久，她们早已哭不出来……

“天使”走后，小爱的身上有了一只白猫的刺青，和她母亲的脸分别一左一右，在肩膀靠近胸口的位置。

母亲不在了，妹妹去和男友同居了，孑然一身的小爱少了经济压力，轻松地在护肤店工作，家里则多了几只猫。她笑着告诉我："有一次，我捡到一只猫送去兽医那里，打针、投药花了我两千元。那天晚上接一个客人时，我突然觉得他很可爱，就跟他做了'全套'，多赚三千元。为了那只猫，我愿意做耶！"

曾经考虑的新娘秘书、美甲或美容业，不再抱持希望了，但她透露了另一个心愿，"中乐透的话，我想开设收容流浪猫的'猫中途咖啡厅'，就用我家的'天使'为名。"她吸了一口手上的烟，"我三十七岁了，还会指望靠男人就太傻了。我不打算爱人，但我想总有人会爱我的猫咪。"

爱天使猫舍

竹北手枪店

有一对以“师兄弟”相称的水电工人，每个月逢发薪水的好日子，两人一定前往竹北买乐透。他们爱死了那里的阿富卤肉饭，总是先连吃两碗，喝上汤后，再前往乐透彩摊，有时随机乱买，有时固定签牌，总之就这样等到开奖，若是中个三百元两百元，那就刮刮乐买一买，再接再厉地直至全部败光出店门骂诈欺，有时连一两百元也没中，就直接出门骂诈欺。

他们会一路骂上车，先是说：“以前富邦发行的台彩是真的。”因为他们中过五万元。接着信誓旦旦地说：“现在中国信托是发假的！”因为彩球的落点位置不同，“很明显啦！墨水上有加‘神奇磁力’，再给它指定号码，就是这样的磁力技术害我们买乐透总是连续杠龟*……”

*杠龟，指『什么都没有』。在赌博或者是乐透中，杠龟即什么奖都没有中。

不过，无论怎么骂，每个月的这一天，师兄弟俩总会在上车离开两小时后全身舒爽，瘫瘫软软地回到宿舍，手上拎着大量的炸鸡、卤味或烤肉，一面食补身子，一面对我高谈“前列腺保养”之奥妙。

那里是竹北——全台湾最多单身男性的聚集地。竹北的光明六路一带是“半套店”群聚之处，大量的“前列腺保养”服务或明或暗地四处开张，吸引了大量的单身男性前往消费体验。店家的按摩有时是真有技术，有时则是胡乱抓一通，差别在于年轻小姐不需要真实的按摩技巧，年长的小姐则是没有技巧不行。

但醉翁之意不在酒，排毒首重前列腺。这些按摩店家只收男性，台湾人早已知道是为了什么，只是周遭的劳工有需求，也就有人因此以提供服务为生。我们的师傅在赶工时虽然为了追进度难以休息，身体疲累无比，但“太阳底下的男人们”结实、强壮。相比之下，竹北一带群聚大量单身男性，无论在电子大厂或小厂工作，千篇一律的是过度劳累，那些穿西装或是电子厂、晶管厂的男人们每天不晒太阳，生活还可能日夜颠倒，无比体虚。

按摩店于是应运而生，从中午开始营业至清晨五点，上门排毒的男性络绎不绝。

长时间被工厂圈养的男人，没有多余的机会真正与女性交往。网络的生活毕竟太过空虚，在线追求难以奏效，联系渠道少之又少，骂人无助于与人的互动，上网酸人也解决不了忧愁，呛人后，只能回头刷着屏幕，见证自己的孤独。如果还有钱，那可以稍解一晚人生无奈，尽管无力解除真正的虚空。也只有钱，可以安慰自己没时间、没机会认识女人的寂寞。

这些店家占领了整个光明六路东二段，路边有店名的光明正大营业，没有店名的更是遍布各个角落，随手打开“微信”一摇，几乎都有数十家“排毒”等你联系。价钱倒也公道，各店家都订出了行情价：纯手枪两千元，一个半小时，若是去得熟了，服务的小姐、大姐会自动升级，宽衣解带地全裸磨蹭。没有店面的“个工”则接受加价换取其他服务，比如：“音乐系”加一千，“戴”加三千……个工的价码随各个小姐而调整，藏在微信介绍的LINE讯息里，若有似无地给人解密。

店家的营运方式很类似，在路上的都是长期经营的店，店内的小姐是抽成制，等做一阵子熟悉后成了红牌，她们便建立起自己的人脉，再和姐妹一起成立下一家名店。有个小姐告诉我，她手上有众多客人的手抄纸条和名片，这些都是她将来自立门户时的基本顾客。

我游移在此处，见证一间一间套房内的漏水，并逐渐与这些女子熟悉。维修的工程永远比新建的好赚，这种店家付现爽快，丝毫不拖泥带水，我就在此更换龙头，加装清洗器材，有些个工甚至拿出医疗级不锈钢供我安装。

我和这些女子没有不同，她们靠着外销的产业生存，我靠着她们在此群居，慰藉我的孤独。

进行的流程约略相同：客人先洗澡，接着小姐进场，按摩一个小时之后便看状况予以“前列腺排毒”。有些男人偏好此道，特别自选乳液或婴儿油，拜托小姐在“特殊位置”加强服务，以获慰藉；也有人爱用特殊姿势。更多男人则是在来过一两次后，反过来要求“先服务”，后按摩，在发泄后洗澡再躺回，经过没几下按摩就先沉沉地睡一会儿，再前往排班的场合——这些店甚至有二十四小时营业的，正是为这类单身男性服务。

如此

人生

銀座媽媽桑教的，
男人就是吃這套！
3ヶ月でプロポーズさせる
銀座ママの極上テクニック
田辺まりこ
即使是平凡女生
也能打敗

店家有各种小姐，有会按摩的，也有什么也不会的，还有美若天仙的。有的客人只是想全裸地跟女人坐下来谈话，更有人只是真的想抱一个女人，在短短时间内有一点体温以供慰藉。有些红牌甚至有独特的预约方式，一般人不晓得，只有在特定状态下才见得上面。

网络时代，非特殊的红牌小姐都能先行预约，更可以先看小姐身材。客人进了店，便有人引导至包厢内，盥洗一阵后小姐进入，这些男人终于可以全裸示人。服务的小姐阅人无数，不介意男人全裸躺平，有些男人也只能前往这种地方得到安慰，便有“好大”“好烫”之类的敷衍用语顺势而生。

小姐们的年纪大多是虚报，四十岁的说三十六，三十五岁的说二十九，二十九岁的说二十四，二十五岁的说二十。女人总有改变自己妆容的技巧：抹粉、上油，或烫或染，将房间灯光调暗，或者嗲声嗲气……毕竟在第一次见面的客人面前装年轻总比一直被请出去好，如果服务得当，客人会回头，也就不在意年龄了。这种地方不需要诚实，男人个个自称新贵，小姐也人人纯洁。

与个工相比，店家聘雇的小姐低调得多，多半也不提供

“更多”服务，做每个客人都与店家对分，一个月下来平均约能进账五万元，大部分的小姐就是靠这笔收入生活。若想赚更多，就只能前往更小型、更隐密的店，缺了保护，冒着可能的危险，遇上讨厌的客户就只能勉勉强强地敷衍。

我记得那年，趁着中秋夜去更换连栋的浴室发霉的硅胶。小姐们说每逢大节、大日子，大家都赶着回家，竹北消费的人大幅减少，她们也会趁那日休息或者干脆休假回家，缓一缓身体，有的则利用难得的机会群聚烤肉，或是安排房子的修缮。

她们聊起那天在店门前烤肉、喝酒时，有个在公司值班的男客上门，进房间洗完澡后就急着要小姐服务，保养完前列腺之后，他说刚刚闻到小姐身上不是香水味，而是烤肉香，因寂寞而哭哭啼啼起来。

那次他给了六千元整，多的是小费，恰好是在工厂留守的加班红包。

竹北的今夜，人与人依存着。我曾以此为生。

隐藏的米其林

许多朋友知道我贪吃、好吃，可是有时候，我不仅仅是为了吃。

之所以爱上寻找美食，是因为工作几乎每天需往返于不同的工地现场，上班时间唯一能自由决定的就是午餐。现场工程师可以自己决定吃饭时间，提早些在十一点半吃，避开人潮，或者干脆等一点半以后去能闲聊，店家在收摊前说不准还会加菜、加肉。

汤

我身边的朋友们似乎也精于此道，谈起美食，人人都有兴趣，差别只在品位不同。身旁的师傅们平日吃腻便当，尤其是老师傅只要下了班，打死都不吃便当。有位老师傅因为白天喝厌了大家笑称为“洗锅水”的便当附汤，下工后一定要找“好汤”来喝，专带我在万华寻觅上等好汤：鲈鱼汤、大骨汤、萝卜汤、猪肚汤、四神汤等，其中，他最爱去猪脚店喝专门以竹笙熬炖的好汤。

有一次，他和我另一个专门吃高价美食的朋友聊起，有钱的朋友说要带他去新店一家知名的火锅——一锅五千元，他听了咋舌一番，感谢连连。私下带我去贵阳街喝羊排汤时，他说：“还是喝我们平常这些汤好，一大碗才一百元，那种太贵的还是算了。”

饼

另有些师傅喜爱可以带着走，既能当正餐又能充作点心的糕点、酥饼和肉干等，有时会带到工地现场分食，咸酥饼葱味四溢，一口三香：芝麻香、烤饼香和葱油香。

师傅徐大告诉我，这类甜、咸酥饼只要没有包太多肉，都能长久保存。住万华的他还教我：“咸酥饼要买万大路的，甜酥饼要买南机场里面的，红豆饼要买南机场外的，胡椒饼要去龙山寺。”他对于其他地区的饼也有研究：“太阳饼，我比较喜欢自由路的。”或者要我：“你下次去大溪，帮我买三十个干的甜饼。”

为什么特别喜欢饼？他说饼类、糕点和肉干适合外出带着，一只手就可以吃饱，前往工地的路途遥远，放些饼在车上有得吃，还可以跟大家分享，或是带回家存着。

台南美食

我的工作搭档培祺是台南人，对于米饭和台南的在地食品特别讲究。在他看来，米糕和油饭不可同一而论，长住台北的他对北部粽嗤之以鼻，认为台北人极不懂吃，米糕、油饭和粽子居然不分。他认为台北自助餐的米饭有许多都煮得过烂也过软。

每个人都有自己喜爱的口味，我倒是对于他推荐的台南虱目鱼和牛肉汤，以及各类小吃垂涎不已，后来因为喜欢的女生也住在台南，便连冰品和水果也变成了口袋名单，这些都是有传统，并且充满在地特色的美味。

在地的台湾面食——面线

至于我自己则钟爱面线，咸香美味，易有饱足感，便宜且

如此

人生

方便吃到。这种食物软烂、好吞，也适合年长者食用。当我开始四处寻找好吃的面线时，意外发现身边许多朋友也钟爱此味，彼此便不时交流情报，有时和家人、朋友就为了一尝美味面线，从中和吃到万华庆昌桥，再从和平西路吃到泰山。

大台北地区的面线文化绝对不输给其他地方，用的配料也是台湾人喜爱并且接受的：大肠、鲜蚵、肉羹、鱼丸，佐以香菜、蒜泥以后，便是一份美食，大碗的可以作为正餐，小碗权充下午的点心。各店对于自家面线有不同的用心：猪骨高汤、柴鱼高汤、以蚵壳熬煮、加入卤大肠头，有店家放了手工制作的鱼羹、肉羹，还研发出加中卷。

面线文化之丰富连外国朋友也惊叹不已，是真正地道的台湾面食。

更重要的是，这些美食大家都可以去吃，不带阶级性，从教授到街友都有自己的喜好。有时见朋友或师傅心情不好，便带上这些“隐藏的米其林”分享，既可以表现出依旧记得对方口味的独特感，又兼顾了每个人的荷包尊严。这些食材绝非最顶级，可是绝对经得起考验，碗盘餐具或许不够环保，但足够便利。这些小店、食摊没有排场，客人们尽可以大方、轻松、随意又简单地享用和交流。地点和店家也可能丝毫不起眼，只是静静地数十年如一日做同样的食物。

而工作会换，地点会跑，可是当那唤起记忆的味道、店家令人感到亲切的招呼出现时，初次来到此地的回忆渐渐被勾起。我贪吃、爱吃，但我前往这些地方，却不仅仅是为了吃。

药酒文化

提神药酒是能快速区分台湾阶级的一种饮品，大多数劳力阶级几乎都饮用过，军、公、教、警、检、法则少有人尝试，而这种用饮料就能看出阶级差异的代表性饮品，其实也反映了文化差异及价值观。在台湾的劳工中，最具有代表性并且具有市占率的为“保力达Ｂ”，另一代表饮品则是“三洋维士比”，但大多数学者离地云端，学校论文研究对此也不重视，我感到很可惜。

我对三洋维士比及保力达Ｂ具有强烈的亲切感，出于个人喜好，我认为这两款是能代表台湾劳工阶层的独特酒精饮料，与一般所谓的红酒、啤酒不同，提神药酒具有不可替代性。关于其独特的商业营销方式、优渥的稳定获利以及对于劳工市场的重视，我想与其等人写，不如自己来写。

三洋维士比及保力达两家公司称霸了台湾的劳工饮料圈，

至今连衍生商品如“白马马力夯”“蛮牛”，也都是两方对打。传统上来说，保力达B的铺货据点多是槟榔摊；三洋维士比在此的突破口较难，后来以小蜜蜂（开车或骑车卖饮料的人）为铺货对象。双方都是随处可见、可买的药酒，也各有拥护者。

值得一提的是，两家公司的广告都诉诸劳工强大的心理投射。记忆中，在二〇〇〇年尚没有什么持续针对劳工进行书写或记录的作品，但这两家药酒公司是例外。

三洋维士比最早期以周润发开始高喊“福气啦”，接着是伍佰、玖壹壹，针对劳工的要求深植人心。三洋维士比擅长以轻快歌声加上肢体动作的广告，每年几乎都有新的元素和创意结合，甚至由于“福气啦”和“劳工兄弟”不时有对应的广告来搭配，而成为所谓的“百搭背景歌”。“兄弟啊”也成为一种口头禅，由周润发到伍佰，再到现在的玖壹壹，一代一代，几乎已成劳工文化的指针对象。

相较于三洋维士比，保力达B向来以口白广告称霸，从最早期开始就是以劳工的辛勤工作当广告内容，由劳工说自己的心声并且努力工作的口白，片末再加上“明天的气力”作为收尾，从农田、工地、工厂、渔船、司机到市场等，对于各领域的劳动兄弟们都有极为动人且真诚的描述。这种承接劳工心声故事的广告，由原本只有劳工现身，近年来加入了吴念真导演的旁白后，影音效果更加扣人心弦。

要了解劳工阶级，从这两家公司的广告着手，可能比研究任何论文都来得有意义。

这些提神药酒的成分非常类似，两家厂牌都是加了大量的维他命B群及牛磺酸，这样的成分加上酒精，入口经血液循环后，产生了不同于其他饮料的独特口味和作用。也因为保力达B与三洋维士比都属于药酒，酒味浓烈而有独特个性，喝下后，口中的味道非常重，类似香料红酒，因而产生了全新的独特饮用文化。

过去，关于保力达B及三洋维士比的配方多属于巷议街谈，实际饮用的第一线劳工很少有系统地整理、研究，而擅长研究的知识分子又丝毫不碰这些真正对劳工有极大影响力的酒精饮品。事实上，如果要细致讨论这些饮料搭配的组合，必须理解铺货原则以及各饮料搭配间的变化。

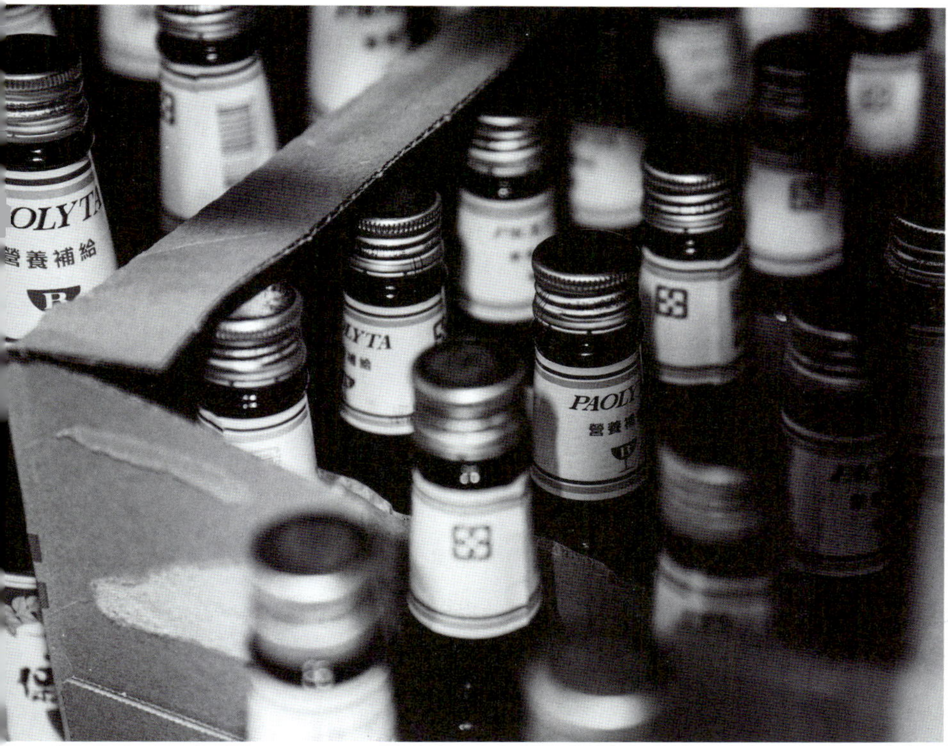

我们可以简单地列出台湾劳工的药酒系统，我认为共可分为九大系。

第一个系统是“汽水”系，诸如：可乐、雪碧、沙士、维大力、维他露P以及七喜等各种含气泡饮料。这类的搭配效果极佳，能在夏日时享受提神药酒的微醺舒适，同时因为配汽水而更好入口；喝入含气饮料后，会大口吐气，搭配提神药酒则更有“畅快”感。这也是所有工地调酒中最常出现的口味，几乎所有劳工朋友都尝试过，尤其以户外工作者最爱此道。

第二个系统是“奶”系，诸如：莎莎亚椰奶、国农牛奶以及鲜奶，另外像是豆奶、豆浆也属于这种系统。这一系统的饮用选择是顺口，奶类饮料可以提供较为滑顺的口感。当天气稍微转凉时，奶系调酒便逐渐增加，这也是一般工地女工常用的药酒调配方式。有许多劳工认为加了牛奶或椰奶的保力达B可以保护肺部，因此，这也经常成为室内油漆工与泥作工的搭配选择。

第三个系统是“提神”系，诸如：白马马力夯、蛮牛、康贝特、红牛等，有时加入奥利多水或移工们喝的红狮提神饮料，为的是增加B群。有一偏方是嘴破后饮用药酒，加上两罐马力夯作为搭配，据说能让嘴破、火气大等身体状况改善。有另一种说法是这类饮料能让提神效果加倍，驾驶员常喝，再配合槟榔让身体出汗，加速酒精代谢。

第四个系统是“咖啡”系，诸如：以韦恩咖啡黑罐、伯朗咖啡、UCC咖啡，甚至现在便利超商的现煮咖啡等作为调整搭配饮料。这样的调配方式行之有年，并且广为大家运用，有一种说法是这样的组合不仅可以提神，甚至还能止痛。含维他命B群的药酒加上咖啡因后，与酒精共同饮下，需要使用较精密工具施工的师傅们常用这种配方，例如为大楼外墙铺大理石的工班。

第五个系统是“运动饮料”系，这之中以舒跑、宝矿力水得、健酪为主，搭配时，通常会用很冰的药酒及很冰的运动饮料，运动饮料的比例甚至通常比药酒来得多。由于相传可以防中暑，许多户外工作者习惯这样饮用。近年来，FIN成为这个系统里面最受欢迎的饮料，有所谓的“喝保力达B搭配FIN防中暑”的独特说法。

第六个系统是“淡泊系”，直接加入矿泉水或无糖绿茶、开喜乌龙茶、凉茶或者青草茶。引用这配方的师傅们多数年纪

大了，没喝到药酒感觉就是怪怪的，总会想要喝一下，有些师傅则既想喝又想养生，想要来点维士比、保力达B，但又怕酒测，便以这样的配方调配饮用。

第七个系统是“果汁”系，诸如：美丽果柳橙汁、津津芦笋汁或黑面蔡杨桃汁加以调配。这些饮料本身就很甜，和药酒搭配起来会有点腻，但有些师傅习惯在上工前不吃东西，就这样空腹来一杯，即使被告诫如此会伤肝，他们也依旧保有这样的习惯。

第八个系统是“酒”系，诸如：米酒、米酒头、高粱酒、鹿茸酒，以及各种婚礼或是送礼的酒，搭配着喝既可以增加酒精量，御寒效果也极佳。这是非常传统的“经典调酒”，但也因为酒精含量较高，工作时喝有很大的危险，不过，在小吃摊倒很常见。

第九个系统是“啤酒”系，加入台啤、金牌、海尼根、雪山、青岛、蓝妹以及进口的俗称“外劳啤酒”（这是以前引进的泰国、越南啤酒，现在少了），这类饮料比较清爽，能提供爽口快感，并且据说有助加速排汗、利尿，且因为酒精浓度较低、较顺口，而受到欢迎。

这九种提神药酒调整配方各自有特殊性，同时也与真实的铺货状况及销售策略息息相关，但这些药酒始终跟随着蓝领劳动者，工地结束后是工厂，公路开完是槟榔摊，药酒始终跟随着开发而走。

根据这九大系统，选项看起来好像很多元，但也只是有舒跑搭舒跑，没舒跑配上健酪，近年来，莎莎亚椰奶缺货，人们就喝起了国农牛奶。所谓系统之分，也是代表口味可以交互替换，这些饮料不过就只是工作之余，少少的选择。

劳工在台湾始终不受重视，即使有劳工管理单位，但是对于劳工的照顾几乎都无法及时。主政的官员不管哪一位上台，提到劳工时，总是以“辛勤”“感谢”的口号串场，佐以握手、赔笑，但在我们看来是“敷衍”和“作秀”。

台湾在拼经济的大旗下，劳工的能见度非常低，几乎没有什么影视作品是以劳工为主题的，“唯二”的例外就是两家药酒品牌的广告，大家喝药酒时，也将这些深植的印象一并喝下了肚。

药酒广告有它一贯的品牌及形象操作，你绝对看不到三洋维士比的广告出现苦情工人绝望的姿态。在三洋维士比早期要求的广告含义中，刻意营造出强调“分享”及“团结感”的气氛，延续至今，几乎所有的劳工都受到影响：提神药酒少有人独自饮用，多是一起分享。这是三洋维士比公司所留给台湾药酒文化的重要价值观，内化成为喝药酒时不可分割的部分。

保力达公司的广告策略则因为吴念真导演而有了大突破，他所拍的贺岁广告，每年总会在我的脸书上频繁地出现一阵子，带有一两句“男人的心声”或者顺口溜似的“钱难赚，子细汉……”。在他口白中的人物坚毅而恒忍，药酒成为支撑身体的重要象征，反映到现实文化，当一个工班要加班时，能表达出这种含义的也就是药酒了。现在师傅们要加班时几乎都是拿着药酒，一口一口饮下，继续靠着自己的身体拼搏下去。这些劳工和吴导演口中的人们一样，面对不了大环境，也难有被重视的机会，说再多也没用。

因此，也有最后一种喝法：用小罐的保力达B或三洋维士比加入“三支雨伞标”友露安，据说可以防风防雨、治病止痛，又或者是加入克风邪、伤风友等罐装成药，止痛并且止晕，对于酸、痛、胀都有极佳的效果。这种配方说出来令人哀伤，却真实存在，不止一个师傅用这种配方强行让自己振奋，也同时伤害自己的身体。

最悲哀的是，这种方式人人知道不好，却便宜且有效。既然痛苦无可避免，能减缓的无论是什么，也只能带着酒喝下。

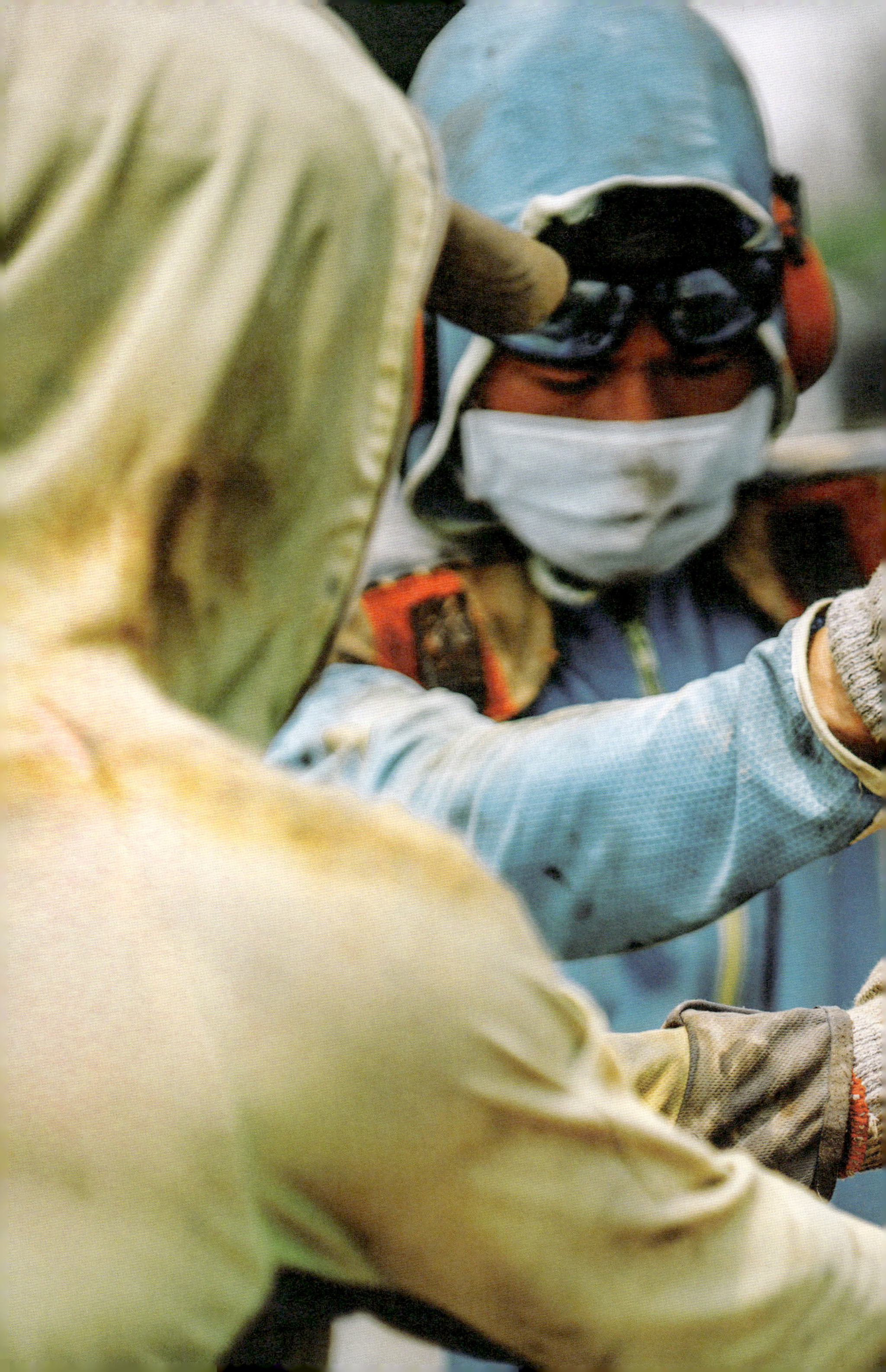

刻板印象

很棒的工人

我经常就会听到“好手好脚就该去做工”这类的话，仿佛做工是一件简单的、只要有手有脚就可以做的事。

多年前，我曾叫过一批粗工，当时点工行信誓旦旦地说这批工很棒，是身强体壮的中年男性，那说法让我活像是奴隶市场的买主，他们则像鱼市场上待价而沽的石斑、鲈鱼或是各种活生生的水产。

到了隔天上午，这些很棒的男人到我的工地现场时，我隐约察觉这些人不行：独轮车使用不上手，搬红砖的时候不知道屈膝，以为灰袋和白袋都可以轻易上肩，米袋装得太满。但当时的我没太多想法，只是要完成进度。

指示完毕后，我隐隐约约知道他们的身体可能受不了，只是没想到这么快！才到中午时间，这些人就纷纷气喘无力，很显然已经过劳，甚至有几个人对我说“自己不行了”，手、脚、腰、背都开始酸疼起来。

我当场便念起带他们来的老板："你的工根本不能用！"

这些看起来仍旧好手、好脚的工人根本不知道抬东西时要弯膝盖，不弯腰，不知道推独轮车得要人和手都在后端握着，不知道白袋装的二十五公斤黏着剂要身体够好才可以上肩，五十公斤的灰袋水泥应该平放在背上，背着走，甚至也不知道整理碎石、碎砖时，米袋不可以装满。这些年约四十岁的劳工们被我数落一番，只能在一旁抽烟。

我的标准很简单：工作能力比我差的都不能称得上是好工人，毕竟出卖劳力的人不该比监工的力气还差，还不努力。人力派遣的老板听了，苦笑着说他会带着做，接着告诉我这阵子的工都是过去做卡拉OK伴唱带的，因为景气不好，日子难过，大家才到工地来一起讨生活。

隔天，阿海师听我说这些事情后，对我说："你错了！这些人就是可怜才到工地。谁喜欢到自己从没做过的地方工作，还要被一个小自己二十岁，可以当儿子的人数落？"身为老师傅的阿海师直说着要我对这些劳工宽容点，"你还年轻，所以不知道身体的操劳……"更谆谆告诫："我们都只是苦命人，

想靠双手养自己家。对这些甘苦人（穷困或依赖劳力维生的人）好就是积阴德，别像那些开单的警察和压制我们的法官。年轻人要知道一命二运三风水，四积阴德五读书，与其读书，不如多做一点好事……”阿海师如同父亲，也像是导师，以他的人生经验为我“开示”。我则心想：人穷命贱运气差，风水到现在看也看不懂，这话似乎还有点道理。

当天晚上，一群监工朋友聚餐，同温层*相处总是有比较多的话题，交换着搞不清楚状况的“天兵工人”故事：找不到厕所，乱尿尿在电线上被电昏；站在钢梁上面用砂轮机切钢梁，结果钢梁切断了，人也掉下去；站在吊车下面，被勾索甩到倒地；叫他整地开条小路，结果拿镰刀乱挥到蜂窝，被蜜蜂追着跑；不会推独轮车，在过架板时连人带车地掉到水沟里……身为监工的我们有太多关于这些工人的蠢事可以拿来说，即使比起当兵还要悲惨也不在意，我们是笑着说的，同温层各自有各自的残忍，我们也只是习惯了而已。

当时我们讨论起一个话题：工地垃圾要装袋时，究

*同温层，指生存环境、生活状态、价值观等十分相近的生活圈及社交圈。

竟是先套塑料袋？还是先套面粉袋，主张在内层套入塑料袋的我表示，“面粉袋一定要在外面，这样一来好拿、好搬，二来不至于在搬运整理的过程中，整个袋子破裂、松脱”。另一人则持相反意见，认为：“米袋在里面，才不会因为垃圾的棱角刺穿袋子而漏水。”

我们两人为此争论不休，他在工程部门的女友听得很认真，提出另一个疑问：“袋子会不会装太满了破掉？”

我们傻愣愣地回头，同时反问：“怎么会太满呢？”

她也疑惑:“垃圾不装满吗？”

工地现场的垃圾不可以装得太满，这是常识。如果是砂石、水泥等建筑材料还可以，但像垃圾、碎石和瓦块顶多只能装到一半。米袋、饲料袋及面粉袋装满时可以装六十公斤，不过，那并非一般人体力所能负荷的，所以理想的状态是袋子只装一半，也方便人员拉住布袋或米袋的角来搬运。

“但水泥和袋砂都是满满的一袋一袋啊！”女孩依旧无法理解，在公部门工作的她每天透过图纸和书面审核各种工程计划书，但她不明白实地的工程经验。我们实在不知道该如何继续解释。

许多人认为“好手好脚就可以去工地”，
这种刻板印象既不全面，更不客观。

许多人认为“好手好脚就可以去工地”，但事实上，少有人知道工地的专业和工作内容，只是轻易地认为随时可去，因为辛苦而危险，所以钱多又好赚。这种刻板印象既不全面，更不客观。即使我能够以文字书写，或者花上半小时解释，仍旧难以扭转这种因“不知道”而造成的误会。

隔几年后，同样的情况再度发生，又是有一些“很棒的工人”来到工地，其中一人手上用电火布缠着指头，另一人买了新雨鞋，两人的安全帽又脏又破，看起来颇有做工的架势。我到场时，资深的黄师傅教他们用圆锹并附上口诀：“平的去，转起提。”两个工人眼神涣散，累恹恹的像是游魂。那个用电火布缠手的师傅吃起了槟榔，电火布旁边有干掉的血迹，想来是受伤后随意乱缠。

中午时间，我们坐在大楼旁，黄师傅告诉我又有工厂收起来了，这一批“很棒的工人”是工厂的下游厂商。旁边的警卫和师傅们听了，开始七嘴八舌地交换情报：

“一人给八千，就让他们走路（离职）回家吃自己。”

“还有八千，好像也不错。”

“做十三年要人走路才八千耶！”

“啊某你栋奏哩系军公教喔？”（啊不然你以为你是军公教哦）

“屋八千爱偷笑啊！”（有八千就要偷笑了）

“八千，半个月就某了了。”（八千，半个月生活费就花完了）

“啊干来工地规身躯免一千。”（来工地，全身上下准备不用一千元）

“艾啦（要啦），雨鞋四百、安全帽一百五、头灯三百、背心一百五，差不多一千。”

“按捏一天工钱就去了……”

黄师傅毕竟有长年的经验和技术，虽说这几年景气下滑，总还是比一般上班族好过一点。这些领报纸薪资的临时工则不然，他们的替代性高，而且来到此处时难以融入。我们私下聊起这些中年失业进工地的人时，总说：“赞欽唷！”*同时比出大拇指挖苦一

*赞欽唷，台语『很棒』的意思，这里用作反讽，指称这些工人『很棒』，但事实上什么也不能做』。

番。同样的状况重复发生：刚来的脖子上披一条干净毛巾，做事时一看就知道完全听不懂我们在说什么，不但连“风头欸瑱马顶板模钉仔拾拾欸”“散工去前控顾立艾抓猫”这些轻松的指令听不懂，就算翻译成日报表上的文字：“清理大门口露台上方的模板钉”“下班前，把混凝土表面清理干净”，他们也不见得能够马上上手。这些临时来的工人多数恍恍惚惚，等着被我们带过来、带过去，时而加上急吼催促。

其实我心里知道，如果这些“很棒的工人”还能有其他选择，不见得会到工地现场；就算到了现场也不一定当杂工或粗工，因为拥有技术者的工资更高。

驾驶挖掘机的林师傅告诉我开挖掘机不会特别累，甚至比许多劳工都轻松许多。但我看到的是这需要长时间的投入和经验：每台挖掘机都必须使用大量柴油才能发动、运作，若是用来练习，不知道要花上多少时间和金钱成本。熟练的挖掘机司机与菜鸟相比之下技术差异甚大，远非一两年可以拉近。

同样的心声来自贴砖的郭师傅，他对于外人的不理解也抱持相同的无奈。好的瓷砖一片动辄上千元，拼贴时的平整，以及磨角后的瓷砖该如何对砖、对缝，都需要大量经验。但大多数人不晓得连瓷砖对缝都必须在施工时精准地测量空间面积、尺寸大小，每一片砖之间的缝隙、事先在墙上开线以定下贴的位置，也需经过再三确认。

像我这样的角色也只能靠着同温层取暖：调度师傅时的考虑，究竟要技术好，还是配合度高？工地监工的待遇又如何？指挥这些师傅时，是否要考虑他们的配合度或是个性？……但在工地内也不可能随意找人谈论，每个师傅多少都还是希望我可以多挺他一点。

那么，那些来到我面前的人们呢？当一个产业临时倒塌，当一座工厂外移，朋友和自己瞬间全部失业时，他们又该如何是好？

我永远记得那些“很棒的工人”被推销成优秀劳工，却在工地出错的窘困，我也曾是对他们破口大骂或是嘲弄他们为“赞欸唷”的帮凶之一，如同那些更远、更云端，更轻蔑地说“好手好脚就应该去做工”的人。

当然，我也在这个社会之中，我有罪。

认命

阿娇姨的年纪大了，再过两年就可以退休，或者严格说起来，她其实已经可以退休了，只是没到六十五岁，她还不想成为孩子的负担，想靠自己的双手多赚一点钱。

她的故事要从上一个工作讲起。那时，她每天六点就从家里出发，在家里吃两片吐司，再用塑料袋包两片，中间夹一些鱼松，到署立医院里面开始工作。她的吐司中餐放在厕所里面的扫具间，用一个铁钉钩着，上面摆着一双红白色橡胶手套。铁钉的正下方是漂白水和水桶。食物有一点淡淡的清洁药水的味道。

这是她的空间，她负责一整栋楼的清洁和消毒。

每年，阿娇姨会签下自愿离职的证明，接着去做身体检查，那是她少数出现在署立医院时不用工作的日子。

她在医院的工作是周休一日，休的是周六或周日，而另一天则会有第二个“她”出现。偶尔她要请假的话，另一个“她”也会出现来撑起更多的工作量，起得更早，做得更累，所以请假的人要自掏腰包五百元给另一人，这是说好的条件。

这份工作的情况特殊，除了过年时可以选择除夕或初一多休一天外，只有在签下自愿离职的隔天，她可以休一天假。阿娇姨会在那一天抽血、验尿，并且早早回家，煮一整桌的饭菜给儿子、媳妇和孙子吃。

她做了四年，即使这样，她依旧失业了。

医院每年都会重新发包。她一天工作十二个小时，从早上七点到晚上七点，每个月两万五千元。新得标的厂商看她年纪大了，要她退休，拿了自愿离职单给她签，然后要她：“等一下公司规定。”

在等待的时候，她依旧工作。有个针剂的瓶子破裂了，隔天她上班时还自掏腰包买了一支好的拖把，可以把地上的药品清理得更干净。公司回报她的却是要她接受一个月两万三千元，或者离开——阿娇姨选择了两万三千元。公司的人愣了一下后，要她再等等，没几分钟后又打电话来告诉她：“我们已经请到人了。”

那天，她坐在医院的椅子上哭。再五天她就满六十岁了。

后来，阿娇姨到了一所大学，负责整栋校舍的整理，待遇是每月两万三千元。清洁用的水管是她从家旁边的五金行买来的，另外还有大小不同的垃圾袋也是她买的。这里和医院的差别是她将午餐改为挂在楼梯下的储物间。而且，她跟儿子最近的工作地点很接近，校内的商学院大楼在做工程，她的儿子就在那个工地工作。

每年到了学期末，阿娇姨会多一样工作项目，就是将笔记本和书籍整理好，拿去回收，这些属于多的收入，但也赚不到几个钱。

这一年，公司一样要她签下自愿离职书，做体检后等待通知。这不是我第一次听，也不是她第一次知道。这回她拒绝了，但是公司让另一个员工代签，阿娇姨又失业了。公司表示：“一切合法。”

我知道再怎么打抱不平也没有用。即使劳资调解，即使有律师，能拿回来的大概也微不足道。等待劳资协商以及花在出席的时间，不如去帮忙打杂，即使工作再怎么微不足道，也好过再被羞辱，或是去害到被迫代替签名的那位同事。

阿娇姨叫我不要在意，回家也不要再多想，她这点事不值得浪费我的时间。她说：“现在我已经不会因为这样而失落了。”

看着她的照片，我随手敲下键盘，发现自己连文字都理所当然地冷漠了起来。

兄弟断路

“洗路欸”请我一起过来会账。泡茶桌的对面坐了气质古怪的西装男，桌上有一张张的签单，数字都不大，一笔两万五，一笔四万，另外有几张个人本票，加起来有十来万。

其中一个西装男开口，说得很直接：“我们只是要钱而已，这里全部都有借据和单据，加起来总共是三十万，加上这期的利息是三十三万。白纸黑字都很清楚了。”他大约四十岁，肚子凸起，没扣扣子的西装外套敞开着，没有打领带，露出了脖子上粗重的金项链。他边抽着香烟，边继续说：“我们快快解决，这金额不大，很好处理。”接着摊开桌面上的单据，“这些都可以给你们看，这里还有两张票，我们也好好地谈。”

我来的原因就是桌上的其中一张没有盖禁止背书转让的支票，那是我的公司开出来的。

“洗路欸”的弟弟“走路欸”在旁低头不语。这次的事情全数因他而起，关于他向地下钱庄借贷的事情，前几天已经在师傅和工地之间传开，大家都在说“走路欸”这次出包（惹麻烦、出错），真的只能回家靠大哥处理。

这张票款是标准的月票，开出票的一个月后才能兑现，我们公司付工程款的习惯是一半月票，另一半开季票。小公司之间往来用手机，写上工程款、税金和总价后，就算开立，也因为“走路欸”是“洗路欸”的亲弟弟，当时发票和支票就这样开好了。直到现在，大家才知道原来票被拿去钱庄换成了钱。

钱庄在眼前，哥哥“洗路欸”开始还价，看看能不能减少一点。“大欸，干欸赛算卡少欸？咱这拢系甘苦钱。”（老大，可以算少一点吗？我们手上这些都是辛苦钱。）

西装男回答得倒也直接:“现在是因为有这张票，所以之前我们才没有找上门来。我们也有在算贴现的，这张票不是禁背，可以直接签名后给我，加起来也有十五万。剩下的，你们明天再整出十三万来，这期的利息我就算了……”

高利贷的离开后，“洗路欸”追问弟弟到底是怎么回事，兄弟俩又吵了起来。

“洗路欸”和“走路欸”这种兄弟文件组合很常见。传统产业的劳力阶级面临的生活问题通常相去不远，受限于人脉及信息，很难得到有保障及社会地位的工作，最后常常是和家族中混得比较好的亲戚、朋友学起一技之长。他们兄弟俩相差六七岁，“洗路欸”早年在工地帮忙载货，做久了以后，顶下水车做补水、洗地的工作，凭借着努力和客气的应对，在重划区的工程中赚了一点钱，接着又顶下第二台车、第三台车。

“走路欸”则是在原本待的工厂外移后，开始跟着哥哥学，至今不到一年。过去他在中和工作、生活，也在那里结了婚，待久便习惯了公司内部的管理规范，成为稳定的工人，然而，企业外移的速度很快，当工厂说迁就迁，什么都没留下时，他才发现自己几乎没有转行的可能。

当时我的工地在信义区的远东停车场，总是跟“走路欸”配合。传统产业的师傅们常用各种问候图证明自己仍存在，他也不例外，而他身为老板弟弟的样子显示在独特的地方，例如：和另一个师傅一起买便当时，他会先付钱，表示这是哥哥的事业，他也会买保力达B请客，或者招呼我这种工地监工一

刻板印象

兄弟断路

起聊天。被称为“走路欸”不是因为他懒散，而是他总是慢条斯理，客气地代替哥哥管事。

只不过，实际上他依旧是哥哥请的人，兄弟两人同事业时若没有股份，再好的关系都可以闹翻。

水车司机的待遇并不算高，“洗路欸”底下的师傅们每个月底薪一万五，其余的算趟数，劳保则以时薪制上报劳保局。兄弟俩的眼界因此冲突：底薪一万七是说好给“走路欸”的待遇，而工地叫水车一般有三种算法：包日、包半日和包趟，包日时，他可以每日抽取九百，半日可抽取五百，每一趟则可以抽两百。拿着自己哥哥给的上个月薪资单，全九半六单六，合算连同底薪共两万九千三百元，“走路欸”认为少，但所有的水车司机待遇都是如此，就算跳槽到别家公司也相去不远。

司机们认为日子难过，确实是一贯的事实。大多数的司机没有活干时，总在温饱线附近挣扎。

桌面上的票刚好十万，其中有七天包全日七千、九天包半日四千元，另外叫了十一趟，每趟两千，总

*税内加指的是要求厂商吸收发票成本，台湾的工程或是材料商通常有5%营业税，是由购买者来出，但工程中通常会要求厂商吸收。

计刚好是十万，发票在请款时被我拗了税内加。“第一次是在月底签本票，五千元，实拿四千五当作先算的利息，因为你说要下周一才可以借钱，我不想坏了规矩。”听了弟弟的辩解，“洗路欸”闭口不语，他叫我来的原因是他和妻子大吵了一架。

在弟弟的眼中，这个嫂子处处对他为难，但在我看来则是女人家在对账时找不到票据，接连两个月的时间收不到我公司的款项，结果我直言：“早已给了你们家。”于是整件事情才发作起来。“走路欸”在心里愤恨嫂子就是不肯提前让他拨发薪水，才害他这半年来的雪球愈滚愈大。

事实上，这是一团烂账。哥哥给的待遇和其他家水车公司相去不远，“走路欸”第一个月向他借了钱，后来也始终没有办法赚到够用的钱。除了房贷、生活费，其他临时的花费在大哥、大嫂看来，几乎都可以省下，对他来说却是兄长克扣，每个月赚不到三万元，兄弟之间的嫌隙也因此愈来愈大。

哥哥试图拼凑出高利贷的总金额和事情的来龙去脉，但他愈是急切地问话，两人就愈加情绪失控地对吼。“走路欸”对着哥哥吼：“你告诉我赚到一定金额后会有奖金，可是这半年来我只领过一次！”

事实上，小额高利贷对劳工来说是习以为常的事，从五千开始借，但十天后就要还钱，大家一开始也总是在发薪水时准时还清，等下一次再来借。这种借五千、一万的只需要身份证以及手机号码，在本票上签名，同时扣除第一期的款项。

“走路欸”来这里的第一个月就在月底借了五千，隔月领钱缴清，接着第二个月正常，之后从第三个月开始便一万一万地借，因为梅雨而没有工做，高利贷愈滚愈大：借来五千还原本的利息，签下一万的票，接着签两张票、三张票，押上了行照，拿出身份证——他的机车行照及身份证现在都在钱庄手上。以他的待遇没有办法还清债，在钱庄接二连三的催债电话后，他将工程票押上去，偷偷伪造大哥签名，不但还清了所有的债务，还终于有了钱可以过年。

钱花到哪里去了呢？五千元、一万元实在没有什么可以记录的，隐约拼凑出的是：续约的廉价手机、孩子开学时的鞋子以及文具，中秋烤肉，还有冬天买给妻子的夹克。洗路嫂在一旁骂着，在她看来这些钱都可以省着用。“走路欸”顶回去说：“你整天只会要人省！”

整个情形混乱起来，这是我插不上话的时候。其他的师傅们略带认命地接受工作内容，所有人都知道洗路嫂勤俭，同时也心疼“走路欸”最后借钱。依照法律来说，伪造签名的弟弟就是不对，所有人也都知道，“请来的师傅先派工”是行之有年的传统。师傅们原以为老板会因为兄弟关系而对弟弟有所礼遇，不过，经过这次的事件，变成一面倒地同情起“走路欸”。

我和另一个厂商只能劝说一些诸如“兄弟俩好好讲”的话，然后离去，之后，我再也没有看到“走路欸”出现。

信义区的那块工地叫着水车，持续叫着，但已经没有“走路欸”等传讯息问要不要咖啡的对话窗口，也不再有他问候的长辈图*。像我们这样的工程师是很懒得打听消息的，要知道消息，总是当面问起来比较好。其他几个水车司机来来去去，讯息也不尽相同：有人说“走路欸”躲债去了；有人说他大哥顶下了债务；有人则说，原本“洗路欸”要帮弟弟付钱，但因长头发（洗路嫂）的作怪，兄弟终究是断路了。

这个工作的最后一天，是“洗路欸”跑来清洗地面。我没有问他弟弟的事，他倒是开口说起可以去叫别家公司的水车，我还没回过神来，他继续说那是他徒弟小江自己开的，弟弟也在那里。我告诉他，“走路欸”没有再传讯息给我。

他洗着地面，泥浆的脏污逐渐被冲入水沟。“自己的弟弟无法带，我要他去小江那边……我太太容不下他了。”他幽幽地说。三十万对开水车的师傅来说不是小数字，高利贷也不能不立刻偿还，他自己吃下去了。“当年我也借过钱庄，曾经也借到五十万、五十万再周转的。三十万的利息是十天两千七，不快点处理不

*长辈图，指聊天软件中年纪大的长辈常用的表情包或图片，以感恩、养生为常见主题。

行。”

但这种事情无法告诉家里，太太也无法谅解，他只能帮忙还清债务后，要自己的弟弟离开。可是付清欠款后，妻子还是大吵，之后回老家的气氛始终不对。

“我叫他去那里好好做，哥也是这样过来的。也还好男人有工作，我还能洗地，”他苦笑着说，“不用每天和老婆面对面。”在建案逐渐减少的状况下，生意愈来愈差，若是师傅还很多，也轮不到老板出来洗地，我很清楚前几天师傅们又跑了，和弟弟一样。

“洗路欸”离开后，我call了小江，小江传来的报价是水车一趟一千八。我不知道这样他们还有什么赚头?

也不知道“走路欸”还能怎么生活?

勿忘我

工地有一个很爱拍照的师傅，他的绰号叫“豆腐”，本名根本没人记得，也不大需要记得，毕竟连他老板写劳保单时都还写错。公司偶尔会找他的老板，再转包给他前来工地，但是如果可以选择，我尽量不和他一起工作。

虽然他是一个好师傅，但很爱他人关注，所谓的“刷存在感”。

有一回，我收到“豆腐”的早安图，想着直接略过就好，结果他坚持自己的早安图是原创，上面的照片都出自他自己的手机拍摄。有一次因为别人回传他的图，引发他的不满，和另一个师傅吵起架来，但这种事情没人可以公断，也因为这些师傅压根不相信什么法律途径或者“知识产权”，他着实沉闷了一阵子。

“我的照片是有用意的。”他边说，边拉着我如数家珍，

“这些都是绕境的时候拍给大家的，会有祝福。”“我想说这几张是日本，没去过的可以看一下。”“这是台六十一线失火，要大家小心工安。”……他要我主持公道，其实那位“侵权”的师傅并不归我管，只因为我是作家，他就开始要我用网络影响力为他洗刷冤屈，我觉得既好气又好笑。

我压根没兴趣看他口中所说的“原创长辈图证据”，只是他一开口就讲个不停：

“你的书里面也有照片啊，别人传去替你说早安怎么办？明明你也有可能想要自己说早安啊！”

“我们做工的就是要传这些图片啦，人家才会知道我们还在。”

“有已读啊，我都一次转发很多人耶。”

我没想搭理，倒是他讲着讲着，看人家钻堡时拍摄施工前、中、后的照片，竟突然开了窍，如同释迦牟尼顿悟一样，说：“啊，和我们验收一样就好了。以后我就这样办！”

隔天，我收到了他的“新！早安图”。

长辈图的文字早就有专门软件可以做出来，但是“豆腐”这次传的长辈图，诚意不一样，背景是他自己在工地比赞、比耶，配上“早安～朋友～工作要努力”的文字，结果意外地引发好评，大家纷纷给他好的响应。这下可好，他便异常来劲地加强自拍，告诉我：“这叫作创意。”在几个工作组里面，大家也开始效法，“豆腐”更是受到鼓励，精进出各种花样：一会儿秀出他的各式老虎钳，在图上贴文：“吃饭的家私～不是筷子”，一会儿拍了各种大小电表一字排开来，写着：“有带有平安”。

我对这样的创意哭笑不得，但能够理解：传长辈图，一直有一种“确认性”。

不止一次，我在收到师傅们发的长辈图后，回传文字问候他们近况如何，而他们的反应是立刻拨号，反过来开始用电话通讯。对他们来说，仍在工作的师傅担心的正是被他人所遗忘，所忽略。“豆腐”的这些工作图片能引起师傅们的共鸣，也是基于这样的原因，因为这表示：“我还在工地工作，可以叫我，可以合作，我的通讯簿里面还有你。”

这些工地照片证实了自己依旧活跃于第一线，也让他人知道自己现在在哪里，专做什么。对于没有受到社会其他福利制

度保护的人来说，维系人际关系是头等的大事。一旦被人真的遗忘或者拒绝、封锁，都可能代表失去了谋生的机会。

比“豆腐”更年长的师傅们学会用LINE，很可能是因为要收发照片，我遇过几个师傅是先打电话来要工地现场的照片，收到以后，再打电话来讨论工作内容。

也因此，长辈图常有“侵权”的状况发生，侵害到“豆腐”的原创，其实我并不意外，令人意外的是他的一连串升级：拍了一阵子工作现场后，他告诉我，他拍小吃美食拍到引起一些大包商注意，大家在工作闲暇之余纷纷讨论说要前去“参考”，来一场大车拼（比拼）：是基隆面线糊好，还是台北红面线好？是重新桥的大骨汤好，还是贵阳街的排骨汤好？

有时玩得开心，还开了团购的群组。师傅们的LINE里有各种砂轮机、军刀锯的团购活动，或者五金行代理商所开设的耗材订购服务，照片、价钱一应俱全，即使不打字，也能截图来截图去地完成预订或者交易。

后来有几次，我也是看了“豆腐”秀的新工具照片而打电话问他去哪里买，也曾经因为看到他发的美食照而传讯息问他店家在哪，然后都是立刻接到他打来的电话，要我按图索骥。直至今日，我都还有点期待收到“豆腐”拍的美食照。

那些食物没有太多文字背书讨论，也没有太多名人加持，就那样静静地存在着，每次接触都划算又实在。

啦嘻的芋圆摊

天冷就想吃碗热的甜食，于是我来到深坑老街的芋圆摊。虽然客人不多，芋圆摊的两个女店员依旧热情相待，看她们盛着芋圆，我突然想起了啦嘻，想起他的芋圆摊。

啦嘻是个泥作师傅，由于终日嘻皮笑脸地与他人应对，也就被称为“啦嘻”了——这在台语中是嘻皮笑脸的意思。他的个性就如同绰号：乐观、开朗，并且整天嘻嘻哈哈地过日子，跟一般的师傅一样。

我会对啦嘻有深刻印象，多少是因为他的小聪明。

那年，我们要进入松山区的军事基地施工，正因为进出换证的事情感到棘手的时候，他冷不防地冒出一句：“刘××连长还好吗？”吓到当时负责换证的小兵，急忙回答：“报告，他现在不是连长。”更妙的是，啦嘻接着说：“刘××是我当年的连长，他对我很好，一直叫我有空回来看看他。我不知道他是不是在这里，很久没有看到他了。”小兵们一听立刻加紧速度，礼貌且客气起来，不再刁难。我们在营区施工时，啦嘻对着里面的军人逢人就说他很想念当年的“刘××连长”，几乎整个部队都听过他这句话，对他也有了莫名的尊敬。

当年那件工程进行得很顺利，从办证到交接都很顺畅。离开营区后，我问啦嘻究竟谁是刘××，他笑了一声，说：“我看到他们墙壁上挂着的指挥官叫刘××少将啦！就骗说我很想他……”他继续在笑，并且比手画脚起来，“那些兵仔听到军头的名字，都会吓到不敢多问啦！”一边还伸出食指摇啊摇地指点着我说：“这样就对了啦！”

啦嘻就是这样一个人，遇到所有的疑难杂症，他总有一套滑头的、伶俐的、圆融且带有心机的奇特处理方式，永远有独特而刁钻的应对法，来处理所有困难的问题。例如：当我的师傅因酒驾被吊销驾照时，他不知道从哪里搞到一套“××义警分队”的反光背心，要那个师傅穿上，还教他要说是在哪一年受伤而退出义警生涯……据说这招居然有用，还真的应付过警察，只是被拦下来念了几句而已。他也给过我一件不知从哪来的印有“TVBS电视台”的外套，要我骑机车的时候穿着，保平安又省罚单。

他自己有一套完全独立于社会价值观的说法，坚持“开烂车穿义消衣，开好车贴立院牌”，搜集了一堆像是残障贴纸、政府部门的停车证、警察的反光背心、义消和义警的雨衣等奇怪的东西，还炫耀自己曾经拿假身份证保护外配，现在去那个外配家吃东西免费。

但他实在是个不怎么样的师傅，我遇到的他已经是个活在过去的人，轻浮，做起事情也是散漫无比。

可是，这不是原本的啦嘻。他曾经是个优秀的师傅，在他新婚不久，大约三十出头时。

景气差的时候，由于时机恶劣，很长一段时间师傅们是没有太多选择的，啦嘻就是景气恶劣的受害者。景气好时，他原本的工作是同门师兄请来所谓“站看算工半”的半管理领班，领有一天三千元的薪资，一边管理调度，一边计算款项及协助请款。当景气转差，由于他薪资较高，又不愿意接受降薪，顿时成为首要的裁员对象。

工作被停了，人也因此失意，久而久之，连家里的工具也开始变卖——从测距仪到墨线仪，最后连“土牛”电动搅拌机都卖了。他还认为师兄、师弟们都看不起他，所以断绝了和他们的往来。渐渐地，啦嘻失去原本半管理、半带领的领班地位，成为只剩下劳力的师傅，远离了原有的人脉，转换到其他地方去做工。

五年后，他的新人脉无法建立，旧有的人脉也已经断绝，工作时间愈来愈少，技术也就生疏了，原本一个月可以赚个七万多，现在只剩下三万多。妻子急着养孩子，到处打零工。为了钱，夫妻俩变得动不动就争吵。

啦嘻告诉我，后来当他无法养家时，就变得嘻皮笑脸了起来。

嘻皮笑脸是大有好处的，他整天在工地向领班主任借钱，问预支的金额和时间，总可以在嘻笑之间刺探一番，有借到算赚到，没借到也就继续工作。这样的态度使他的尊严不容易再次受伤，也能应对诸如缺失和做错的结果。这方法在面对警察等执法者时，更有上等妙用，一下说侄女在TVBS当记者，一下又说自己是受伤的义消，让警察多次放水。在营区基地施工时，今天想念指挥官当连长的时候，明天又想起来还欠大队长一个人情。就连遇到路边的机车定检，他也死皮赖脸地换上官员特助的背心，扬长而去。

穷人必须学会自我保护，这一点，啦嘻教了我太多。

他也不是不努力。家里住莺歌，冬天时，他天天骑机车从莺歌到松山工作，一天两千二对他来说已经是上等的好事，要养家的人毕竟没有太多选择。他必须早起，喝点酒后，逐渐暖着身体一路前往工地。

对于人生的无奈，啦嘻的总结是："如果可以当医生，谁人要卖冰。"他这种人，能有的选择真的不多。

穷人不会有信用，所以他们夫妻俩不管多认真工作，都只能租屋，还只能租在莺歌。生了孩子的穷人选择更少，即使再怎么努力，待遇也好不到哪里去，还得养女儿。能预支就预支吧，有啥能做就做吧。大多数的师傅在景气不好时只能养活自己，如果有孩子，多半生活待遇只会更差而已。

但活着总还有些希望。几年前，啦嘻突然说要请客，就在路边的海产摊摆了一桌，去的都是我们这些穿雨鞋的穷酸工人。原来他参加地下签赌中三星，赢了十六万，倒是瞧他乐得像是中了威力彩大奖一样。说真话，我知道他第一件事情就是拿八万元去还姐姐，听说他原本是借十万，过三年才还了两万。剩下的钱，他倒是慷慨，吃吃喝喝地还没过一个月就说没了。

我们问他何时再中一次奖，他继续啦嘻以对，但是提到他拿了五万元给太太，说人家嫁过来这么久了，应该要给娘家一点意思。接着又转过话题开始讲人情义理，就是要我这个工地主任快点让他的包头请款，好让他可以继续借支。我们依旧哭笑不得，看着进度，加减让他借一点，他就继续这样过着。

我有多年没见到啦嘻了，前阵子听一位工地大嫂聊到他，却对他有了另一番理解。她说，啦嘻整天疯疯癫癫的，老婆倒是清醒机灵得很，每次都打电话要包头千万别让啦嘻预支工资，以免被他乱花用光光，说是不管怎样，总要让她留下固定的一万五以维持家用。大嫂话锋一转，又说起多年前啦嘻签赌中了三星那一次，他老婆要死要活地才留下五万，剩下的，被啦嘻半个月就花掉了。“啦嘻现在自以为是老板，还不是天天浑浑噩噩地在工地混日子。”那位大嫂说。

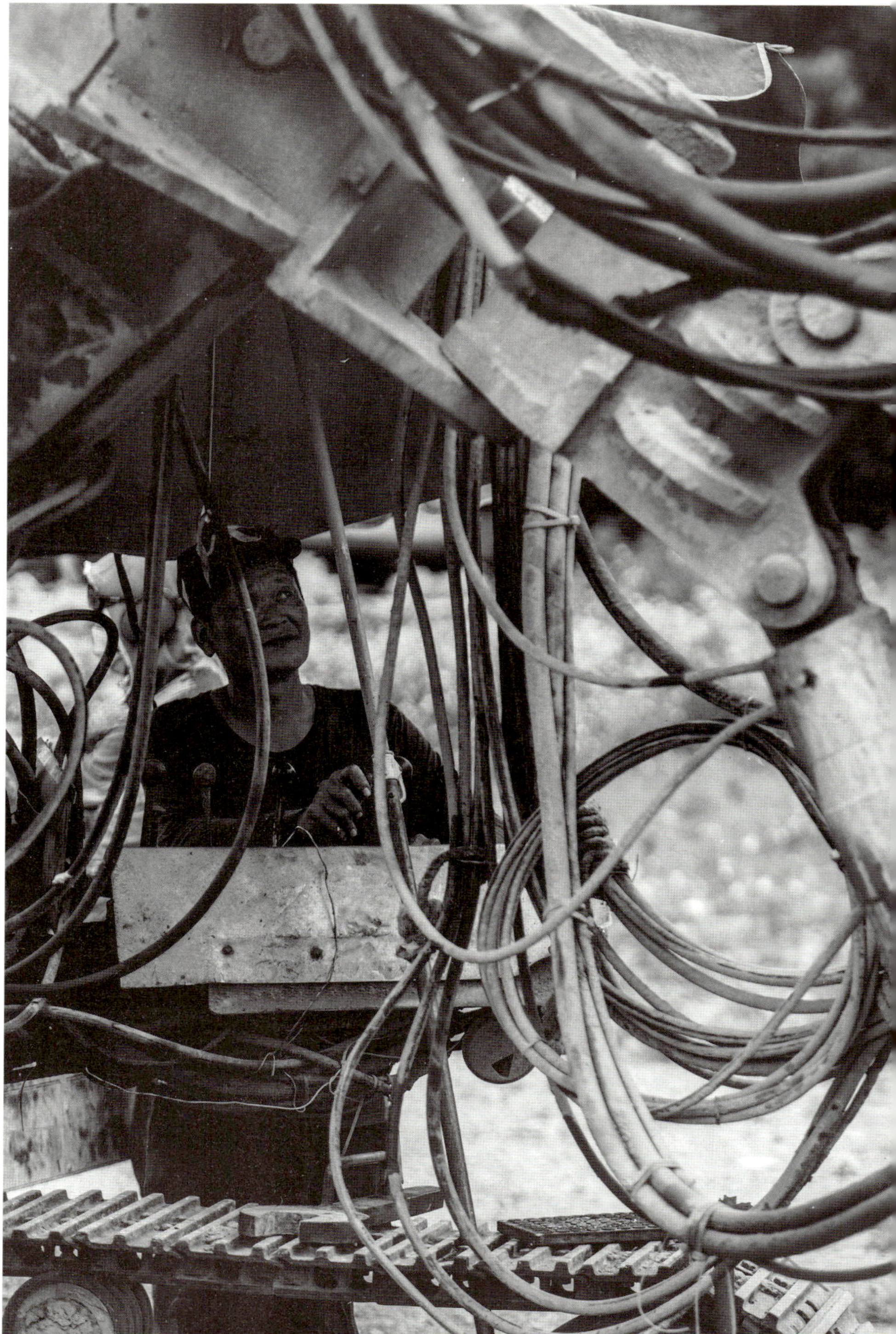

如此

人生

原来啦嘻的太太聪明，拿了五万后没有寄回家，反倒是跑去顶了一个小红豆汤的摊车，卖起芋圆、汤圆、红豆汤、烧仙草等甜品，在市场做生意，早市卖，晚市卖，路边有个停车格也可以去卖，女子的认真韧性实在令人不可小觑。啦嘻没工作时，会被太太拉着去帮忙推摊车，但有时他会发懒推托说要在工地加班。尽管如此，他对外还是说那是“他的”芋圆摊。

工地大嫂口中说着啦嘻，听起来倒像是在说自己。“反正所有男人都是这德性，明明是自己老婆努力的成果，只要有人叫她一声‘老板娘’，自己似乎就是正牌老板一样。啦嘻也不例外啊，现在他打电话跟朋友聊要上工的事情时，总说自己还是泥作出身，‘芋圆摊那种小生意，只好给老婆顾’。”大嫂叹口气，说：“就凭他那个爱签赌、爱喝酒又爱借钱乱花的个性，一个月只拿一万五，能让两个女儿上学？”

我一直没有再遇到啦嘻，虽然颇担心遇见了，他又会吵着要借钱，但我有点遗憾一直没有认识他的老婆。我很想去看看他太太的小芋圆摊。

赌 徒

我刚认识他的时候，他就是单身，偶尔会联络和我一样大的女儿，现在这话题已经不再提起。隔了一段时日后再见，他的身材维持着精瘦有力，眼神依旧透澈清晰，不变的还有他总是喝伯朗咖啡，以及一样在夜里追逐着刺激。没了妻子后，更是天天往赌场去。

他总是笑着说自己的偏财运很好，十赌九赢，我俩初认识的第一个月也真的如此。那时我刚领到薪水，一次借给他五千，过了一个晚上，他还回六千，还笑嘻嘻地告诉我："白天赚千五（一千五），晚上赚五千。"原来我借出的五千元成了他跨夜的赌本，让他赢得近一周的薪资。他又说："赚钱无师傅，用钱博就有。"接着聊起钱滚钱、利滚利的方式，在他眼中，有钱人总是说什么投资理财，其实像他这样带着偏财运的罗汉脚去赌博也是投资。在他请客的羊肉炉摊位上，同样的话题一而再、再而三地提及。

故事总会回到他的天命上，无论什么“偏财运”，都有了紫微斗数、七政四余等命理解释。他说，像他这样父亲早逝的孩子是个“天公仔子”，注定靠天吃饭；接着又学了防水的技术，这种工作靠天吃饭得紧。

根据他的说法，当年他当小包商的时候，是靠着借高利贷来周转。那些高利贷经营得很好，不但借你钱，还带你去赌：赌赢了，你当场得到周转；赌输了，要再借也不难。赌久了以后，他不管到哪个地方都要去赌场找找“朋友”，同时把票据换成现金——银行的票得轧（卡）三点半，在这里靠着电话随时可换。从工程现场收完所有票之后，他就去赌场，在此除了有票可以换，有钱可周转，还能请赌场小姐开发票帮忙寄到各个公司，从没有少过一张。

这番话听得我半信半疑，毕竟工程现场的人说话都夸张。但他确实有偏财运：他不买乐透，可是请他帮忙买的乐透常常有“再接再厉奖”，买五十中五十，买一百中一百，直到他没空，换我自己去买时，这张乐透才停止轮回转世。他与其他师傅不同，会在赢钱的时候，买东西给我吃，另外还会请客，或

如此

人生

者细细地教我做防水的撇步（技巧、窍门）。他不嫖妓、不吃槟榔也不抽烟，唯一挂在嘴边的就是“赌”。

防水师傅的生活极为辛苦，抢的是天候与工期。无论材料如何演变，总归是在墙面和地面涂上一面隔离层，铺设防水材料时，一定要先将地面整理至平整，他有各种工具，但最重要的是扫把和钩子。至于究竟铺几层，他告诉我：“都要看多少钱而定。”

防水的原理，就是用涂料或不透水的材质铺出一个保护层，涂料得混合溶剂，所以他身上有不少块颜色不同的皮肤。“那等于用甲苯洗身体啦！”他说。

做防水，最重要的是墙面和地面要干净。在上涂料之前，他会细细地用各种方式确定可以施工：有时候是拿着酒精喷灯，在可能还没干的地方烧啊烧的；有时候，他说墙面还有水，于是用电凿往那湿气最重的地方敲下去，戏称这是“放血”。

就像是中医针灸、抓痧，只见他往墙面颜色最深之处刺下，接着拔掉电凿，拿起喷灯烧起来，边烧边对我解释：“这片墙壁中间‘膨风’了，我把里面先烧干。有脏水在里面，谁也抓不了漏。”直到烧得铁红了，再转往下一个长出青苔的裂缝，又是拿出刮刀，又是使用扫把，一点一点地在各个墙面上做起手脚来，像是法医解剖病理，又像是考古一样专业又认真去找出问题。

他曾经带着外籍移工一起工作，说是要顺应时势，运用便宜的人力来一起赚。移工们喜欢他，但是，每年到了寒流和梅雨季，他就会回到孤身一人——这是赌博时间的开始。

那段期间，他拿着三四个月的票去找组头、当铺，或者以日票、现金票、个人票做周转。营造业长期以来有各种更换票期的方式，只要票还在你手上，就可以拿一张票换一张票，愈欠愈久，最后他和其他师傅一样，变成拿票去钱庄。那些钱庄去哪里找？听他一说才恍然大悟，就是那些“刘妈妈的私房钱”“廖老师的退休金”之类的，愈是写“政府立案，正派经营”的，利息就愈高，借钱也愈容易。

其实他曾经赚过钱的。有一次，他拿了四十万元的票去银行存，进了银行之后，却被当作去捣乱的。行员没说什么，那时候的警卫则不像现在客客气气的，一直盯着他看，要他把工具袋交出来，其他客人也侧目以对。好不容易存好了票，却发现车被拖了！他怪警卫不帮他看车，当然地，又被凶了一顿。“给人赚吧！”他这样说，“银行就是一种公开势利眼的合法钱庄。”到头来，借一万，日息五百、七百的地下钱庄反而单纯好懂。

都市传说中，“看起来像是农夫的人上银行领钱，结果原来是土豪”的笑话，在他看来都只是刺伤。我给他看过这种影片，他看完后，叹气说：“真正的工人哪有可能穿得这么整齐。有这种钱的话，去银行干吗？直接打电话叫人处理就好了。”一句话泼了我冷水。

然而，他的话是正确的。买衣服时，他一次买十件，因为防水工程的涂料又毒又臭，抹墙壁的东西一旦沾上身体，结块后就洗不掉，有的沾黏皮肤后，结块硬掉了，可以从身上剥下一层皮。

搅拌好的涂料要在最短时间内抹上墙和地，而在拌料之前，必须先将玻璃纤维网贴在转角处，或是墙面各处可能有裂纹的地方，等到日正当中时搅拌防水剂涂料，在最热的时候赶着完工，一旦时间过了，整桶的漆泥会结成大硬块，变成防水师傅所谓的“路霸桶”。

为了避免吸入溶剂的气味，他在脸上围了一块布，热天也穿长袖则是为了保护皮肤，只不过工作一阵子下来，手上的手套沾满了涂料和溶剂。

这样的工作方式让他全身是病。我烧裆时是他拿药膏给我，他懂得如何压制湿疹和干癣，我才知道本来惯用的酒精原来是没用的。他还教我：甲苯可以洗掉一些油性胶泥，用香蕉水加其他配方可以去除身上的柏油。有时，他会买冰块来帮助把身上的油污弄干净。所以他的身上总有深浅不一的皮肤，左手臂腋下位置毫无腋毛，粉红色的嫩肉已经脱皮脱得干干净净。

早餐他总是随便吃，有时候就带着两罐伯朗咖啡去工地。像他这样的人，在天气很热的时候是吃不下饭的，喝下运动饮料或是啤酒后，就一直撑到下午，等回家休息、洗澡后，才开始大吃特吃：有时吃牛排，有时候是日本料理，还喜欢吃火锅，就算是便当也会吃双拼，然后趁着吃饱了七八分胀的昏睡感躺下。

只有在下雨的时候闷闷不乐的，他会开始考虑去哪里，也许是去赌博，或者去烧香、逛街等。但如果是到了工地才下雨，他根本不用考虑，干脆直接去赌上一笔。我问他：“好好的不休息，干啥要赌博？”他的回答是：人总是不能闲，生来就是要赚钱，日正当头的时候有好天气的赚法，坏天气自然也有坏天气的做法。接着说了句顺口溜：“偏财运啊偏财运，我下注是因为你下雨，庄家你坐钱让我赢。”

但他不可能总是赢，我曾遇过他在拿到工程款后，瞬间将十多万元赌光，那时，他继续工作，在太阳底下晒上一天，并问我能不能借一千元吃饭。他一个人时，一周只要一千五即可过日子，但他曾赌掉车子和房子，最后妻子带着孩子离他而去。他说他是“天公仔子”，日日顺心，时时认命，但没有女人能接受这种前一天吃顶级牛排，后一天便欠下十数万的生活。

所以他只剩下自己一个，偶尔身边带着向朋友借调的外籍移工而来。他对这些移工顶好，有移工在的时候，永远是买鸡腿便当，咖啡等饮料也从来没有少给过。他说当自己认命后，便也轻松了。妻子离开以后，他还是会带着钱去给女儿，有时

五万、十万的。现在女儿大了，父女只在生日、父亲节和过年前一周见面，对他而言，这就是人生了。

毕竟他始终无法忘却赌博的快乐，那是他少数的娱乐，刺激而过瘾，找不到第二种更好的兴趣。他说，在赌场的时间过得好快、好快，和晒太阳的时间完全不同，可以抽烟，可以尽情地下注和专心，还可能不用流汗就赚到钱。在这里，人们不在意你的身份和过去，只看你的筹码与机运。当输得愈多，赢回来时的快乐比什么都还开心，那是一种“感谢你未将我放弃”的感觉，那些赢回的钱无论多寡，都带有不可知的神谕。

现在他一个人做抓漏、防水，是一流师傅，也是个上瘾的赌徒。有时他到台北工作，会来找我，请我去吃他爱的活虾、活鱼。另一些时候，他赌输了，来借个三千元过日子，同时跟我说他已经收敛了，现在一个人，无论怎样也害不了家人。

如今他年纪也大了，但我直到前阵子才知道其实他没有离婚，那是唯一一次他没有强调自己的偏财运，只提到女儿大学毕业了。

他到现在还是一个寻求神谕的赌徒。

阿爸的功夫

昌哥属于第一流的铁工，估价时，针对材料和工具都极为精确，都自己一人确实丈量空间后，才愿报价。我来到他的铁工厂闲聊，研究起他正准备引进的新款砂轮片，这种砂轮片因能够“单片断型钢”而在网络上引发话题。几个师傅在旁抛光不锈钢。这时，有个看似刚退伍的年轻人进来工厂，并拿出一罐罐饮料熟稔地招呼起大家，昌哥告诉我，“他是另一家铁工厂的少爷”。

年轻人走到我们身边，刚好听见这句话，直接表示他觉得用“少爷”这个名词并不好，“我比较喜欢说我正在接爸爸的工作。”他今天来昌哥的工厂是为了拿新式的抛光机。

有个问题一直放在我心里，现在刚好可以问问昌哥和“少爷”这上下两代。“为什么像是工地的专业师傅，或者路边的老店、面摊，在两代交接的时候总能得到小区的祝福和肯定，社会也多认为这样的接班妥当；相反地，公众领域的二代接班总会被批评，私人企业的下一代接班人也会被贴上‘富二代’的标签？”

听了我的疑问，“少爷”回应：“我们这种赚的钱少，又没有人要做啊！”昌哥则接话说：“是因为这些工作又辛苦又累。”两人你一句我一句地讨论起来：

“因为有职业病。”

“因为连二代都不想接班。”

“因为觉得做工没地位……”

身为铁工前辈的昌哥认为，如果是木工还好，木工有较长的历史，技术、工具等也都有比较完善的进步，若换成泥作工或铁工，就很可能被看作只是出卖劳力的工作，更辛苦的还有板模钢筋工，“有些人真以为只要有力气就可以做工啊！”这句话听得“少爷”和我连连点头。这种话题在工地师傅之间是聊不完的。

眼前是白手起家的师傅和即将接班的“少爷”，我突然想到一个极佳的话题，便问：“那接班会有什么问题？”

一样，聊起“两代之间”，两人的话匣子就停不下来。

昌哥说：“我真的不晓得要怎么教儿子。”

“少爷”则表示：“如果连下班后都要看老爸，我会累死。”

昌哥沉默了一下，接着开口说：“做我们这个都会有职业伤害，孩子要是能做别的，还是由他去吧！”“少爷”听了，也若有所思地响应：“可是如果不把这种技术接下去做，也是可惜了。”

类似的对话，我在别的地方也听不同工种的师傅聊过。曾经有位杨师傅告诉我，他敢讲自己的技术绝对是台湾顶尖的，但他很了解自己会教师傅，却不知道怎么教儿子。他摇摇头，说：“自己的经验说多了，儿子听起来也烦。有时候我们吃过亏，知道这样他可能会吃亏，但不知道要怎么让他懂。”然后半开玩笑、半认真地说：“技术可以教，但是要怎么应付你这种监工，我还真的不知道要怎么教。”

昌哥的工厂里堆满他的作品，即将成交或者订制的精致工艺技术尽入眼底：沿着接缝处细细堆栈满焊的不锈钢造型装饰，他的两个师傅正在抛光，砂轮机的声音此起彼落，规律地磨去每一道接缝。他拿出从淘宝网买来的钢刷机，半炫技、半教学地往下压，雾面的不锈钢被拉出一条一条细细的发丝纹，又像是松阪猪肉的油花。他笑着告诉我，这台机器他已经上手，一台两千值得投资。在台湾开始吹起工业风的这个时候，它的仿饰刷毛，未来必定会有独特市场。

“少爷”来找昌哥聊是因为家里虽然也是开铁工厂，但是他爸爸的经营理念跟昌哥不同。昌哥拥有高知名度，较能够自行选择接案，对于业主所用的材料也有较高的议价空间。相反地，有些规模较小的工厂并不见得可以“转型成功”，在景气下滑时，较守旧的经营者受到过去“工厂接多一点才会赚”的观念影响，很难听年轻人的建议，这样的二代经营者不但要面对父亲，还可能必须同时说服在工厂工作多年的老师傅们，这也是“少爷”未来的挑战。

昌哥工厂的不锈钢准备要进烤漆厂做“氟碳烤漆”。和以前的“粉体烤漆”相比，氟碳烤漆的技术能抵抗室外的气候，对颜色和光泽都有较好的保护，这在第一年还看不大出来，经过五年以后就会有明显差异。“少爷”说他爸爸已经教给他如何辨识了。我的工地经验不算少，但至今仍旧无法在短时间内分辨这两种烤漆的差别，毕竟做十年的监工也不可能比做十年的铁工懂，何况在工地现场，师傅们无论工作经验、专业能力或是人生阅历都远比我来得多。

当兵时，我是管工程的。军方的工程琐碎又难搞，测量仪器未经申请，不得携入营区，我担心营造厂的老董和儿子没了测量用的水平仪，那要如何抓水平。正当我焦头烂额地烦恼如何申请水平仪进入营区时，只见两人拿出一条极长的透明塑料管，在管中注满水后，一左一右地看水管内的气泡高低作为标记——老董并不知道这叫“连通管原理”，只知道这种技术在户外工程极为好用，他称为“透明管水平法”，他从很小就知道要这样做，接着儿子也跟他照着做。

社会大众对于“选择做工”的误解，多半从教育现场就开始。我读书的时候，老师们总说：考不上高中的人才去读高职；公立高中比公立高职优秀，约略等同于私立高中；连私立高职都考不上的人，才去做工。

这也是我身边几个接班师傅的愤慨。他们大多数是依循父业，继承手艺，但这社会对此有极大的误解。事实上，透过家庭或家族取得谋生技艺的传承方式有数千年之久，反倒是透过

学校得到谋生技能的现代教育历史相对短得多。无论社会环境如何变迁，或者大众多么重视学历，衡量一个人的标准依旧是“能否自力更生，养活自己”。

若父亲的手艺能够养家，并且确实有精密的学问，下一代为什么非得追寻在他的生活经验中不见得熟悉的学历呢？学历或许可以改变一个人的阶级，有助于在社会上取得优势地位，但又对现实生活有何帮助？我的师傅们曾告诉我，这社会上的学问分为两种:第一种用来实质地帮助他人并且改善生活，像是更换马桶、维修热水器等；第二种则用来表示自己是精英分子，高人一等并且可以期待掌握权力——很显然，这些家中从事工程或者基层工作的人们，根本不吃这一套。

传统产业成为家族事业的概率极高，两代身在同样的产业中，彼此沟通更容易，做决策也更有效率。而一代总是有比一代进步或者具备的优势，我接触的几个“少爷”的确因为家庭的原因，专业之路走得顺遂许多，比如可以向自己的家族寻求经验协助。在传统产业里面，所谓真正的快捷方式其实只是不走冤枉路而已。

传统上有所谓的“三年半出师”，与其说是师傅花三年半将技术和手艺传授给徒弟，不如说连师傅自己也不知道该怎么教、该在什么时候教，以及该用什么方法教，所以干脆让学徒待着看三年半，等到三年半期满，会遇上的工作应对及人际往来大概都理解了，徒弟才能够独当一面。

台湾的师傅多是苦学出身，这些掌握了技术、经验的老师傅和老领班，或许本身技术精良，手艺纯熟，但是面对学徒或员工时，往往不知该如何教起。倒不是他们要藏私或者真有其独门奥妙，而是面对一无所知的学徒，加上生活经验无交集，不晓得如何互相理解，这些烦琐而复杂的专业技术，就只能留待与学徒之间互动熟悉后，才有办法传授。

家族的二代对这些专业能力则是从小耳濡目染，就业时，自然享有更大的优势。只不过，压力也在此。对父亲来说，自己的家人嘛，不管说什么都难以拿捏分寸，尤其自己是老板，对儿子稍加宽待，不免担忧被师傅们或是同行指指点点；对儿子的要求增加，又担心背后的闲言闲语更多。“少爷”告诉我，他进了家里的工厂做事之后，也常常需要和父亲沟通，才能够稍加改变父亲“省钱至上”的旧观念。

许多师傅确实以自己的手艺为傲，那可能是独门技术或是过人天赋，但是一个完整的产业，自有其特殊的人际管理方式或是应变对策。

我是这么想的：当一个专业工作者能够以他的技术能力及专业改善他人生活，他能够做出精准决策，并且在家中有优秀的顾问，他经过自己的家族事业中老一辈的叮咛与关照后，依旧有合格的表现，并且在地方或者社会上有所贡献且被看见，当他有办法理解到材料、工具以及相关的人际关系时——无论社会是否给予保障，他都很容易被社会所需要。

我仍旧在寻找面对基层劳动者的子承父业，社会却少有人批评的原因。

我想这是传统产业的魅力之一吧，即使这世上最重要、最直接影响并且改善生活的技能总是赚不了大钱，可是，父子代代相传的技艺本身就值得回味。

前途

孩子终究是入狱了。老王逢人就痛骂儿子，骂不学无术，骂不知感恩，骂不求上进……骂得愈多、愈重，外人就愈不会提起。等我们都不再提起这件事后，他幽幽地说："出来再从拿土捧抹水泥重新学起吧……"

孩子在脸书上的最后一篇发文是二〇一六年，那时，他贴出了一张抽烟的侧脸照，背景是一台新机车，整台车镀膜又上蜡，亮到发光，贴文中写着"养我二十年，给爸爸一个礼物 #父亲节 #爸我爱你"。听说后来老王很宝贝这台车。

点进去讯息页，我和那孩子的讯息停留在二〇一四年，过年时，我们互相传了"新年快乐"的罐头讯息。

再往回推，那些年的回忆鲜明，毕竟我和他的父亲共事了半年多。

那阵子的行程是：我晚上去学校领取钥匙，拍施工照片，等待老王。有时他载着刚放学的国中儿子一起来，他工作时，我就带孩子去网咖杀时间；有时孩子和朋友出去玩，晚点则带着消夜、饮料到学校来陪我们，偶尔会骑我的机车在夜晚的校园里兜风。老王通常做到凌晨才休息，我们再将钥匙交给在校门口等着的替代役男。直到学校开始放寒假，他才能真正在白天赶工。

记得有一天晚上，我带着孩子要找家网咖杀时间，附近有两家网咖相邻，我还犹豫着要去哪一家时，他倒是熟门熟路地给意见："这家是新开的，比较好。"我们两人的晚餐就是在网咖点了一人一碗泡面加蛋。我先吃完，得赶回学校去看他父亲贴厕所地砖的进度，离开前，帮他买了游戏包台三小时一百元送大杯可乐，另外点了鸡排。

老王还在学校里，那是他和儿子的小学母校，如今因为少子化而连年整修。愈老的学校愈是资源稀少，校舍残破，偏乡旧小区的小学逐年减班，这些老学校没有资格向教育局争取经费，只能在地震后，一次一次地申请整修。整个学校每年、每学期，甚至每个月都成为工地：今天修厕所，明天修漏水，后天在操场种下两三棵树。基层第一线的教师们兼校务职员，一会儿办理核销，一会儿进行验收，耗尽精神。

那几年，大家疯抢公共工程，自二〇〇七年以后，所有的公共工程只要价低者就可以得标，许多烂尾工程因而接二连三地出现。管理部门所谓的“撙节开支”从来就是找最弱势的单位开刀。有声音的明星学校不怕没有资源，反而是老旧的国中、小学，建筑结构和设备早就不堪教学使用，以专业的角度来看，这些校舍都有问题：楼梯窄小，电力系统老旧，空间局限，缺乏无障碍设施……无论从任何方面思考，都应该盖新大楼，无奈由于人口减少，老学校逐渐凋零，优秀的青壮人口往都市去，学校新收的学生大部分出自弱势家庭，因此，很难要到资源。

教育部门的标案委托建筑师，却尽做一些教人不知从何说起的工程，例如：前年做结构补强，去年来个电力检查，今年更换门窗，明年可能是改建厕所，再过两年来换电力系统。每年在寒、暑假前招标，工项单纯、专一，并期待工程抢在两个月内完成。

以一所学校来说，这种修建策略在初期几年有效，但是等过了几年以后，这些工程成为拼装，加上学校急着修漏水、换门窗……将急需做的工程也纳入后，多了各种设备的零碎更新，利润自然减少，造成包商逐渐退出，更卡在预算限制和公共工程的各种烦琐手续，几乎没办法在暑假或寒假的期限内完工。这样一来，营造商难以调度人员，开学后还必须配合学校作息，为了补回多耗的时间成本，只能将付给施工者的工程款压低，并影响到施工质量。留下来做的师傅几乎都是没什么转业可能的年长工人。

老王就是这样。

一整个月，学校先是有大型活动，接着是一场大考，平日老王几乎是被迫休息，成了周休五日，只能抢在周六、周日赶工的师傅。除了铺全校厕所的地砖，他还承包泥作，因此这对他等于是双重打击。又因为学校急着要启用厕所，接下来要配合水电师傅的进度，他只剩一天就得将地砖铺贴完毕，但也只能在大考的最后一天，等所有人都走光后进场，能做多少算多少。他需要这么做，以赚取本来就为数不多的工程款。我也要他这样做，好作为他计算工期的筹码。

铺贴瓷砖的工资不差，如果顺利的话，一天应该会有四五千元的收入，但那是一天可以工作八九个小时的状况。像这样只能从傍晚五点开始，光线、视线跟白天完全不能比，不管怎么做都不可能有白天的速度，花一个工作日却可能只有一千多元的进度，老王承包这件案子以过个好年的希望必定落空。家长、校长、议员等人担心学生的安危，动不动就希望工程“配合学校”，但他们无力改变工程总价或追加预算，在进度落后的情况下，工期拖得愈久，老王赚得愈少。

我也必须要他加班赶工，因为若他在夜里继续铺贴瓷砖，我多少可以用强大的底气去对学校呛声：“师傅都已经配合做到晚上十二点了。”这种工程不会顺利的，我必须押着他做完，有做才有钱；他必须在夜间施工，接着才有能力向学校讨价还价。

学校的老师偶然和我闲聊，说起老旧小区的这所小学里多了许多“新二代”，老王的孩子就是。

那些年流行的是越南女孩（入岛做妻子）——标榜越南女性如何刻苦耐劳、毫无物欲的各种婚姻中介广告词不计其数，许多的“老王”就这样娶妻生子，完全忘记了接下来在婚姻中

可能遇到的冲突和矛盾，比如：孩子的教养问题？新移民的工作内容？两人是否可以一起生活？短短时间就生孩子，夫妻是否可以调适？即使夫妻俩都是本地人也可能面临婆媳问题、相处问题，还有经济分配及家事分摊等问题，但那时候在婚姻中介的鼓吹下，全部简化为“越南女生来台湾会很努力，很幸福，很珍惜”的说法，给大家洗脑。

那时候，老王没有想这么多，等妻子离开回到越南后，他才开始为此而烦恼。

他曾告诉我，他觉得现在的老师都变了！他去学校，要老师放胆教孩子，不乖就尽量打，却被老师训斥一顿，说那是太落伍的教育观念。他说不过老师，也无法理解他当年拌水泥、切瓷砖时被自己师傅痛打的经验，为什么已经被时代淘汰了。

老王是爱孩子的，却不知道该如何教，只是强调自己多有责任感，没有不要这孩子，这种说法却引来孩子的反感。

一方面，他给孩子钱出去玩，自己却省吃俭用；另一方面，忍不住整天碎念孩子不喜欢读书，又不愿意找个工作做……父子之间既然没有话可以说，那就只剩下给钱和碎念。

其实，孩子不是不懂。那时老王夜间赶工，孩子跟我在网咖打电动，直直盯着计算机屏幕，幽幽地说：“我爸白天刚好去挂眼科……老了，就是这样。”

我不知道该如何回答。

那段时间，我常和他在网咖一起打电动，他的昵称是“叫人赶工的都去死”，选的角色拿着武士刀、平底锅、球棒、冲锋枪等各种武器，往游戏里的丧尸杀去，屏幕左方闪现的小字不断在变化：“叫人赶工的都去死杀了Charger”“叫人赶工的都去死杀了Spitter”“叫人赶工的都去死杀了Smoker”……这是一款限制级暴力游戏，丧尸的手脚被炸飞，血肉模糊，玩家从屠杀中得到快感和发泄。遇到大魔王时，他还会叫出不同的名字，更是奋力杀敌，像是：“××主任去死！”

现实世界中的困境，孩子无力抵抗，只能在虚拟世界里将坏人杀死泄愤。

网咖里，还有其他像他一样的少年。这群孩子的故事相去不远，父母有的上夜班，有的是驾驶长途车，而待在网咖里打电玩成为他们发泄的最好去处，几款热门的游戏玩腻了就换，直到包台时间结束，有时打得精彩，结束后还回头交换心得和感受。他在游戏中如鱼得水，全然不像他爸所说的“没救了”，相反地，他在战略上表现得聪明伶俐，不时还带领着其他玩家大杀八方。

有一次我们大杀了一阵，破关后，他问起我薪水多少，我回答：“三万二。”

他突然叹了口气，说：“上学是最浪费时间的事。”

他已经放弃数学了，现在还愿意去上学，纯粹是因为学校离家比较近而已。在他看来，继续读大学不会有什么前途可言，他指指在网咖柜台工作的干姐，说：“我干姐的学贷已经四十万了。等我读完高中，等于可以买一台中古车。”

“那你的学贷是多少？”他又问我。

“二十六万。”我想，也足以买一台中古车了。这孩子的感叹，也是我的感叹，而且我无法给予任何建议。

老王的工程在过年前告一段落，我试图为他多请些工程款，但东扣西扣后，三个月他赚不到十万元。

验收的当天早上，老王不断地喃喃说着自己是如何努力地工作，如何费神地在夜间施工，为学校的整修工程付出：“为

了让瓷砖对缝，我从进门就开始贴了。”“建筑师设计的时候，没有考虑到绿色马赛克砖的厚度比高亮釉砖薄了两公厘，当初我把每片瓷砖都再加厚过喔！”“楼梯间当初设计的时候，没有计算到玻璃砖的砖缝要加两公厘，整面下来差点没办法做，还好我发现了，请我换帖的兄弟先做玻璃砖……”他说得很勤，却没人理他，周遭的老师们和总务处人员只是“嗯”“嗯”“喔”“喔”地回应。

最后我请老师们进会议室去聊，自始至终，他都在会议室外蹲坐着等待。

我在会议室内拿出一整沓厚厚重重的施工照片和文件，那上面有师傅们工作的样子，也包括老王。学校的老师们喜欢看这些照片，听我聊做工程时的故事。老王的话说得太急、太零碎，没有人要听；老王的衣服太破、太旧，没有人要看。但是当老王手写的，那些带有折痕且沾上泥水的日历背面数字被我敲进计算机后，印成的EXCEL报表看起来很棒，学校很欣赏。

验收后的那一晚，在学校里，孩子边听父亲吹嘘，边拿着刮痧板为他刮痧。验收通过后，更没有人要听老王说话了。后来，我知道孩子寒假找打工，去了洗车行，在冬天寒流来的时候洗车、打蜡。原本一直希望儿子跟自己学贴砖的老王，那年喝得更多。

那场工程之后，老王的身体愈来愈差。而一年后，我终于受够了公共工程而离职，去找老王时，他没有工作，家里电视的第四台播着周润发的电影，桌上有一组喝空的三洋维士比。

孩子国中毕业后，没有再升学。那天，刚从洗车行下班回来的他买了便当回家，闲聊之中，他告诉我洗车行也开始廉价竞争，他考虑去开车送货，他的几个同学则去做八大。聊到他们洗车行的门前停了许多台名车，车主全是做娱乐事业的，年轻的孩子看着我说："这世界就是这样，学历、技术都是假的，有钱赚才是真的。我想让我爸早点休息。"

那孩子的脸庞清秀而坚定，而我无话可说。

路边的阴德

离开学校出社会以后，我发现身边的人似乎都异常相信“阴德”这种事。有些人难以理解：为什么在文明昌盛、科学先进的现在，还有大量的人信奉传统信仰？

说我们迷信的人，根本没想过是因为现实生活一无可信。

过去有人这样问过我，我的做法是要他去工地累上一天，就能知道台湾劳工即使是努力到了自行开业拼搏以后，退休也不大可能安然无虞，长期下来还是养儿防老，多在小区、家乡行善。大家会有一种“今天你帮我，明天我帮你”的独特想法，甚至有些师傅有自己的逻辑，戏称为“大水库理论”：一方面借由审判时的改判以及政治介入，笑说有钱时要多帮人，运势、风水是轮流转的；另一方面是说当身边朋友有难时，不给予帮助，会被大家看不起。

事实上，劳动工作者的身体状况是在三十多岁时达到巅峰；多数的人会在四十岁前习得一技之长而出师，一直到五十岁上下，是所谓事业拼搏的黄金时期：这时候的经验与技术增进反映在工作表现上，可以弥补体力下降时的病痛和内伤。只是随着环境不景气，多数的师傅并不见得可以拼搏到黄金时期的收入，我所观察的工地劳动者中，大多数都有追求信仰的习惯，或者在工作青黄不接时，去寻找宫庙参拜。

这样的拜庙还有其实用性。有一对夫妻档师傅，先生的脾气极大，工作一忙起来，稍有不顺就发闷气，搞得大家情绪紧张，心情不好。他们夫妻之间的解决方式就是前去庙宇参拜，大殿三炷香，手中喃喃有词地念几句："保庇挖牵手欸身体转好，保庇咱豪豪考上警察好好做，以后麦呷苦。"*另一半在旁边听了，就算再气也能消火，接着到宫庙旁吃一吃美食，好像就这样和解了。隔两周，他继续在工地开骂，我们便笑说他应该要再去拜一拜，无形中助长了传统信仰。

*台语，意思是：『庇佑我爱人身体转好，庇佑我们家豪豪考上警察好好做，以后不用吃这么多苦。』

这些传统信仰的仪式虽然看似迷信，但我认为是真的有用，而很可能用途并不在仪式本身。当所谓运势不顺时，其实非常有可能是过劳或者体力不佳，精神难以集中。现代人会说应该要适度放松，但在工作现场，每天都赶着做出成品以及固定的数量，做愈多赚愈多的结果是每个人都过劳，少有完整的休息时刻，总要到了“运势不顺”后，连续花个几天拜庙，开车前往北海岸兜风、前往三峡白鸡*转换心情，吃吃当地的特产，带点伴手礼后分送亲友，自然也改换了运势。就算是市区内的宫庙附近也有大量按摩店、美食摊，让人尽可以在纾压后，改换心境。

我至今仍旧不知道积阴德的定义，有些人说拜庙进香是积阴德，但我更喜欢另一些方法：他们相信“眼见为凭”，要亲眼看到需要帮助的人，才愿意捐献或是赞助。这种方式有些是用在鼓励路边街卖的，或者那些“地瓜妈妈”*。近年来，师傅们愈来愈少捐献香火，除非宫庙在自家旁边，平日就在做好事并且自己看得到，否则现在流行的是帮助那些领有公益慈善组织背心，在街头做起小生意

*三峡白鸡，地名，是传统的恩主公信仰中心，其中最重要的神尊是关圣帝君。

*地瓜妈妈，指的是台湾街头推着小摊车卖地瓜的单亲妈妈或者低收入户家庭，主要是一些政府扶贫办和民间扶贫机构协助她们从事小生意。

模板
百益

的人。

这种新方式不知道从哪里生出来的，但在短时间内就影响了我周遭的人。台湾原本就有在市街上卖口香糖等小物的“甘苦人”（贫困或者依赖劳力维持生计的人），市街习惯他们，也和劳动者的生活环境重叠，过去甚至就出现在宫庙门前，只是在千禧年前后那时，大众认为真假难辨，加上各种都市谣言兴起，难以判断是否应该要给予支持。直到近年来，由各基金会或者是公益组织、社工等协助的方式被确立以后，这些街卖者才开始去污名化。

这也让积阴德的方式有了变化，我开始观察到大家除了拜神以外，好像理所当然地认为买这些穿有组织背心的小摊商的商品，也是一种积阴德的方式，于是，开始有了“路边的阴德”的说法，有时是地瓜，有时是湿纸巾。有一次，几个师傅们还告诉我，如果哪天他们“落魄”了，也要去穿这样的背心，走上街去自卖营生。他们说：“我有记得他们基金会的名字，‘人安’嘛！”

那天，我和卖凉粉的朋友坐在她店里瞎聊笑闹，刚好有个街卖者经过，她便要我多买一点，说反正我们人穷命贱，趁现在还有能力赚钱的时候，积一点阴德。于是我买了巨轮协会三百元的街卖品，也叫现场的朋友们一起来买，笑着说：“我们贱命，买一条药膏和滚珠永远不够用，一起来从痛风买到中风吧！”一群人胡闹讪笑一番。

没想到，坐在轮椅上的大哥笑着认真地对我们说：“积阴德帮我们的人，会有好报的。”

我至今都还觉得自己被这句话祝福了。

HINO
HINO

口琴的声音

他叫“五个字”，年纪跟我差不多，但看起来要比我大上十岁。

他的姓名总共有五个字，所以大家就直接叫他“五个字”，我到现在还不晓得他到底叫什么名字，也只知道有五个字，反正工地现场诸如“小林”“目镜欸”“肉咖”“黑皮”“阿肥”这种叫了一辈子绰号也不一定知道名字的状况比比皆是，所以大家不在意。

“五个字”是原住民，和很多原住民一样来自山区或是东部，与几位朋友、家人到了工地现场后，成为绑铁的师傅。我没有跟他们说上太多话，即使是现在的台湾，包商头儿是汉人，底下是原住民的情形依旧比比皆是。原住民在工地现场多半从事需要“晒太阳”的粗重活，并且集体工作，久而久之，不少人都认为他们喜欢晒太阳，并且特别适合晒太阳。

口琴的声音

这种因循而生的差别待遇比比皆是。

有一次，工地来了几个帮忙拆模的“普拢拱”（无所事事，闲混日子的人），手脚三流，一早做起事来怨天怨地，到了中午订便当时，则硬要开族群玩笑。有个吵着要吃山猪肉便当的自以为幽默地说：“我如果也吃了山猪肉，就会和他们一样厉害的啦！”“五个字”听见了，直接就要冲上前去揍人，于是，一方拿着钢筋，另一方抓起铁锤，我们当然赶快上前劝解！

经过一番苦劝后，总算拉开了两人，结局是：几个临时被调来拆模的恼怒地离场，留下“五个字”在旁继续骂：“你找不到人拆，我来拆！”“开这什么玩笑？一直开，一直开，很好笑吗？”

那时是八月多，正属于最难找工的日子，所有的老板都在喊缺工。尽管“缺工”是大家每年从头喊到尾，然而，台湾劳工也只有在寒流以及酷夏时节才真的会休息，台湾八月的天气能烤熟所有的东西。

隔天，那些“普拢拱”真的没有来，“五个字”他们默默地把会妨碍到自己搭接的模板拆下，我在旁拍照，同时拨电话消责板模大包商，他反而跟我抱怨好不容易才把人请来，结果被吓跑了。

我挂上电话时，发现“五个字”在盯着我看，过了一会儿他才开口，说：“小林，我比较喜欢你讲国语。”

“啊？对不起，我跟他们说话习惯用台语，比较顺。”

他笑着对我说：“我知道，但我不喜欢听你讲台语。”

“为什么？”我惊讶地问他。

他的回答，我至今仍记得。“闽南语，或者说台语，讲到原住民都不好听。”他直直地看着我，“不信，你说说看。”

我愣住了。在我平常使用的台语中，关于原住民的说法多是“番仔”“山地仔”，但这些说法，我不会在“五个字”他们面前讲，只有和别人以台语对话时，才会不自觉地脱口。仔细想来才发现，我刚刚没注意，“山地仔比你那些普拢拱好多了”这句话脱口而出。

我无语回答，而他也只是笑笑，没有再说什么，回头去拆他必须先拆除的模板。

“五个字”和家人们来自东部，我只知道他们月底时会回

HINO
HINO

家。绑钢筋的老板因此对我和我的老板抱怨连连，说：“这下连原住民都不绑铁了，台湾要完蛋了！”这项工程是公家的，不能用外籍移工，而台湾人更是不愿意做这种公家机关的烂价钱工作。大家都晓得，“五个字”他们只是在老家举行庆典前，来帮忙赶点工的。

原住民往往是其中一个人有了车，便带着家人、朋友们一起在工地生活。不过，由于许多技术工作都得靠地缘或是血缘来拜师、传授，因此，这些晚接触工程相关技术领域的族群，只能进入较为劳累的工作项目：模板、钢筋、鹰架、灌浆、防水和柏油。

他们在工地，时常必须付出双倍的努力才能获得更好的机会。但悲哀的是，这些努力后的亮眼表现，有时却成为对他们既定的刻板印象，认为原住民只喜欢晒太阳。“五个字”曾告诉我，他来学绑钢筋是因为当年家人只有做绑钢筋、搭鹰架才能存到钱。他的叔叔在渔船上工作三年，赚的还不如绑钢筋一年。绑钢筋不用签约，跟着工头也不用怕被老板骗去随便签名，让日子难过；工厂的老板会骗人，开船的汉人也骗人，政府的工作更是骗人，只有他靠双手钉模板和绑钢筋的爸爸，有能力多养叔叔的孩子和兄弟们。

更可笑的悲哀则是，愿意绑钢筋的原住民如果发现老板不给钱，“只要”被骗一个月就可以跑。

我向“五个字”问起他的叔叔们。他说，有一个叔叔很可怜，跑渔船跑了一年，终于见到家人一次，就不想再回船上了，但因为找不到工作，最后还是得回去，跑一趟船又是一年……早年的渔船船东会欺压原住民，以低于基本薪资许多的待遇，诱骗原住民上船工作，直到台湾社会开始认真地重视原住民时才有所收敛。船上的人看他叔叔是原住民，就随便找个“原住民什么都要教”的借口乱扣帽子，少给工资。教育程度不高的渔民们把族群歧视看得理所当然，殴打他叔叔时还加上对原住民的羞辱字眼，诸如：“是我们给你们这些番仔工作！”“番仔很难教……”。

另一个叔叔的情况好一点。虽然他是在快退伍时，被长官骗着签下“自愿从军”而跑不掉，但是在军队体系熬久了，总也获得善待，政府对他不算差，至少退伍后多了一台小面包车可以开。

整个家族，只有“五个字”的爸爸去帮忙扛钢筋，被老板

欺负、克扣薪水后离开，跟着下一个老板搬鹰架，做一年后又换老板……愈换，技术就愈好，现在和两个兄弟一起做。“五个字”的双手粗壮，拆起模板时的速度极快。他的父亲和叔叔们则另有擅长：拿着扎铁钩爬上爬下的，蹲着身体、弯着腰，先把钢筋绑好后，接着灵巧地绑起墙面、窗缘的补强钢筋——这些钢筋在绑扎时有一定的“眉角”，既不能绑得太紧，否则会让铁丝断裂，但也不能过松，否则毫无固定功能。

他爸爸曾说，这样子至少家人们都在一起，能跟兄弟们一同工作，还能带着儿子在身边，这总是好事，不像以前等着放假才能团聚，要等好久、好久。

至今回想起来，我才发现自己并不晓得“五个字”确切来自哪里。是花莲的什么乡吗？还是台东的哪一个山区？或许他也不愿意告诉我吧！有些原住民离乡许久，在汉化过程中，逐渐与故乡的家人失联了。也可能即使我多问也是没意义的，汉人遇到原住民时，经常带有不经意的优越眼光，像做研究一样地乱问一通，也不管对方是否同意被那样查问；或者如同我，在平日的台语词汇里面，找不到能让他们接受的方式。

这些师傅远离了故乡，逐工地而居，如果他们是汉人，可想而知会有更高的待遇。绑铁、箍筋、拆模的工作危险而辛劳，他们依旧坚毅，整群人工作的时间从未迟到，准时开始自己分内的工作，自持自守，唯一的娱乐便是汽水、槟榔和香烟。“五个字”告诉我，他们整个家族里有一个女孩特别会读书，是他姐姐的女儿，或许有机会当上老师。而在他们同辈之中，也仅有少数几个人有上公立大学，剩下几个就在我眼前，用自己的双手绑着钢筋。

我不禁怀疑过去学校所说对于原住民的考试加分补助，究竟是否有用。当年我读书时，学费全是以助学贷款缴的，虽说大部分的零用钱都是自己打工所赚，但我只需搭一班公交车即可到学校。“五个字”喜欢休假回家，但他是少数不喜欢搭巴士的人，因为搭巴士永远要换乘，一台接着一台。他说以前回家前，会一次去买个六七张车票；现在学聪明了，大家挤在一台车上，摇啊晃地一起回去，还能顺便问问家里有没有需要什么。

这种感觉陌生却熟悉，多年后，我在菲律宾女工的房间也看到蕴含这样意涵的纸箱——满满的要寄回家的礼品。

但也因此，我对于他们返乡过节这件事又不完全乐观。“五个字”的叔叔告诉我，每一次回乡，都可能将数个月存下来的积蓄花费殆尽：在电话里说不清楚的借钱理由；回家后，因为亲眼所见而动容心软；那些失业的、不好过的朋友或者亲戚前来时，总不可能全部拒绝……但钱借出去的速度永远比赚来的快。

我问起他们：“为什么这样还要借钱？”

他们的回答倒也干脆：“啊，他就是真的需要钱啊！”

那天，老板发工钱给他们时，多念了几句：“要快点回来。”“少喝一点酒。”接着转身跑回办公室抱怨“山地仔”放假回山上，工程进度会延后。这时，我突然听见口琴声——“五个字”他们在车上吹起了口琴。那一天，我才发现他们会乐器。

我始终不知道“五个字”姓名的那五个字，究竟是什么。他说如果我真的要知道，等有一天去部落相见时，他才会告诉我。

他在家

那是一个更生人*的家，所有的墙面似乎都有一层厚厚的灰垢，多年前的亮光漆更突显了壁癌（墙壁上的污垢）和墙面的歪斜。我来这里纯粹是因为他借了我的工具，约好今天归还。

工地和这个社会没有人理他，连他哥都放弃再度踏入这里，我踏入此处，也感到空气的混浊与沉闷。整个小区都充斥着壁癌和不同程度的闷臭，巡逻箱歪斜、爬着蜘蛛。我照着他哥的简讯来到此处，还不晓得电钻已经被他拿去卖掉了，换取过年期间的面包。

按了电铃，他开了门便顺手拿起几把刀子，招呼我进门坐下后，自己磨起刀来。这种场面我见多了，欠债者或许是要威吓，或许是要逞强，但更多的是不知所措

* 获释出狱的囚犯可以重新融入社会活动，此类囚犯称为更生人。

下的自我防卫。我笑他在客人面前磨刀，他闷闷的，用不知道该如何应对的眼神看我。

“我带开工红包来给你，去买咖啡来吧！”我拿出一个红包给他。

他傻了一下，说：“这两百给我吃饭，咖啡你请。”

我又拿出一张百元钞，说：“大杯冰拿铁不要糖。”

他倒是尴尬起来，神态怪异地压低声音对我咬起耳朵，“隔壁邻居跑来要钱，我就磨刀给他看……”接着便跑去楼下买咖啡。

这个房子灰蒙蒙的，还在用那种垂下来的控制开关切换灯泡与灯管，怎么看都老旧不堪。有一台破旧的砂轮机倒着，就是他刚才磨刀用的。或许这个环境已经被遗弃。一个听到电铃声就要启动砂轮机吓走来客的人，还有可能重返社会吗？

他回来时，兴冲冲地对我说：“我顺便拿了一堆奶球、糖球和糖粉。”他炫耀着战利品，“还有咖啡棒，可以拿来当筷子。”照例，他买伯朗喝，剩的零钱当他跑腿费。

“干，过年真的不知道要干啥。”他闷闷地说，“你们工

地放这么多天假！”

“今天开工，你不来，”我倒是懒得客套，“大牌到红包还要我帮你送。”

“哎呀，忘了忘了，明天我自己去工地。”他把红包里的钱抽出来，袋子还给我。

我问："我的电钻呢？明天一起带来工地？"

"那个……我借朋友了……"他突然站起来说，"我有好东西给你，赞的！"

电钻这种东西和砂轮机、破坏锤一样，属于随时都可以拿去二手市场变现的工具，好用又大量，并且销赃容易。刚刚在房子里面，我已经察觉电钻不在视线中，想来应该是"凶多吉少"了。

"小林，这些好东西给你。"他拿出一堆小白兔暖暖包，还有几串卫生纸，"这是社工来找我的时候给我的，好东西。"说着拿了一包暖暖包，当场打开后，一边拿出一件T恤搓起来，一边说着："你整天喝冰的，要在身上放一些，才不会感冒。还有那些卫生纸，你拿几包走。"我愣住了，没想到来这里可以拿到零零落落的卫生纸和暖暖包。

接着他又跑到房间里去，喊说："再等我一下！"

他回来的时候，拿着几排大卖场的电池。"这都是社工给我的。"同时指了指墙上的背心，说："那天社工还给我这件背心。这些东西给你带一些走……"

我离开的时候，感觉真的非常奇怪：手上提着一个工地米袋，里面装了四五包卫生纸和十来个暖暖包；原本给他的红包袋换成放了两排三号电池。他还跟着走到我车旁，对我说："下次我跟社工说我想煮饭，再把色拉油给你。上次我要他拿去给三段的老伯伯……"

他的确有回到工地工作，但依旧是闲散度日，依旧是懒懒的那个死样子。年轻的工程师管不住他，倒是对我的要求，他还会虚应一下，就这样饿不死也吃不饱地撑着、撑着。在工地待久了，最后总能学会一两招技能，真有急需人手时还是有点用，虽然终生不可能有什么翻身的机会，但至少能稳定待下来度余生，和我见到的其他粗工一样。

后来和一个社工讨论他的事，我原先是笑闹着当作蠢事说出，她却正色告诉我："总比他想拿个东西谢你，却什么也拿不出来好吧！"

那时候我惊觉，眼前这个女孩子居然对这种环境习以为常。我感到讶异：她要有多大的意志才能踏入那房子，面对一个磨刀霍霍逞威风的男子？而对于一个疯言乱语、活在过去的

男人，又要如何定期将这些物资送达他手上？

隔天，我问了那个粗工关于社工的事，他倒是对我有问必答，缓缓说出他的社工对他很好，固定时间会去看他，有时候会带些肉干、奶粉，有时候拿卫生纸和电池、手电筒、印有政府活动的衣服和帽子等东西给他。

“有嫁尪啦，哩卖乱想！”（有嫁人啦，你别乱想。）他指着我说，“猪哥咧，无通乱来！”*接着乱七八糟地说那个社工女生三十多岁，可以当他妹妹，很有爱心，连狗都爱，“我跟她说隔壁栋有人真可怜，她会让我送东西过去。上星期还拿一包狗饲料给我。政府不多请这种人没天理……”

我很清楚他困在工地的原因是开车撞死人，出来后只能租间破旧的房子。他说他终身不能考照，也不可能从事保全等工作了。他不愿意多说过去，只喜欢聊起各地的美食——那些他念兹在兹、吹捧上天的美食，其实都只存在他的回忆中。

其实我没有怎么认真在听他说话。我和他的对话反反复覆、颠颠倒倒，毫无重点，只有混乱的过去和

*猪哥咧，不要乱来。台语『猪哥』有好色之徒的意思，这里的意思是不应该对这个女生有非分之想。

无法核对的记忆，贫乏而虚空的形容词汇。即使是整天指挥他的我，也不愿对他再多理解一点，毕竟随之而来的对话内容是我早已听过数遍的，有时候还带着一些无谓的废话。

我们都当他整天废话，但因为工地找人不易，便将就着用，至少他还知道人名和工具的位置、名称。

他每个月固定有一两天请假不上工。就算那些物资不多，但每个月固定在那一两天的下午，会有人到他家去，随机带给他一些物资，那些东西不见得是他想要的，却值得他期待。他哥哥告诉我，他可以整个月不洗衣服，可以整个房子乱七八糟、爬满蟑螂，可以在最恶劣的环境里喝酒——但每到那一天，他会醒着，他家里会很干净，他哥哥也愿意在“那一天”晚上去找他。

我知道，社工要去的那一天，他会先打扫、拖地，也绝对不会在那一天磨刀。

明明我让他有工作，但终究比不上给他尊严。

8

夜间施工

除了小林之外，不曾、不会，也没有人记得那条路是小王铺的。

老林和其他工人一样，第一次吸毒是安非他命——当时他三十岁，还被叫作“小林”，当时所有人期待台湾会有新建设；而看着所有的工厂都慢慢拆走，他想着干脆到工地去吧，跟上一代的台湾人一样，靠着自己的双手拼经济。

小林到了重划区，所有剩下的老城区逐步被推平，都不约而同地开始进行规划、整理。都市计划将环河道路周边的违建划入范围，老房子一栋一栋地遭铲去，那些道路连名字都还没有取，就一条一条地铺筑出来了。

小林成为铺路人，踏入工地。

台北人分为两类：第一类占据光环，家有恒产，社会也总有用不完的社会资源可供其挥霍，电视媒体及新闻争相报道成绩，谁谁谁留学、游学，哪个人又考了托福或多益……

但另一类人和小林一样，家其实在其他地方，父母会骑一台机车把孩子载着，过了台北桥后，落脚在三重、中和或板桥一带。小林没兴趣读书，成绩从来没起色过，理所当然在国中时饱受挫折，接着从高中到高职，转校转了两三所，终于拿到了毕业证书。退伍后，做过几种不同商品的外送工作。

在踏入工地之前，他送过桶装水，每天总拼死命地在电梯与拖吊车之间，求取一点糊口的机会。那回是货车在一周内连被拖吊两次，公司很不满，他跟老板大吵一架后离开，在工地认识了小王。

小王原本在印刷厂整理一摞一摞的栈板。中和一带的印刷聚落凋零，即使加班也过不上日子，加上父亲过世后留给他的高额债务，每个月的收入固定先被扣掉三分之一。

小王没有什么选择，与其找银行，不如去做可以领现金的工作。

他们做的正是修路的工作，从清晨开始整理、画线，调整

并且准备材料和工具。做这行的身体不会好，一台台机械铺起路来像是作战布阵：刨路的在前头刮起大量粉尘，碎石以及旧有的路面因此破碎而能轻易挖起。压平的路基有大量扬尘，若是时间许可，他们会戴上湿毛巾掩住口鼻，眨着干涩酸胀的眼睛清扫路边的粉尘、土堆，用土铲集中，接着在铺路的边缘位置淋上沥青。他们跟在刨除机和俗称“山猫”的铲装机旁边，时而拿耙子将粒料集中，时而将散落的粒料倒回压路机前方。

高温的沥青和混凝土散发出阵阵恶臭，他们也只是笑着拿起烟，试图用这香烟的味道，微微抵抗鼻腔内无法控制的痒和麻。

挖路工的待遇不算差，只要道路有真的开挖，总还能多少赚一点大包商吃剩的肉渣，即使没有设备、经验、专业以及承包能力，也能靠着自己年轻的体力去换取金钱。有权者用嘴喊拼经济，他们用身体的消磨去换。压路机被他们称为“王爷”，较小的铲装机“小山猫”则是“小王爷”，几个年轻工人在压路机的旁边走着，自嘲像是王爷出巡时的护法，顾着百度高温下的柏油碎渣。修路的阵仗很大，声响如同鬼神降临。

老师傅们告诉他们要快点趁这机会做好工作，这样的大规模铺路工程以后很难再有，最好快点买台机器赚自己的，赚实在的，赚不用过手的。另一头的工地主任却说修完台北还有桃园，修完桃园还有新竹，路永远修不完，重划区里面所有的路都更大、更宽也更好做，接着将推出的“路平项目”还会连孔盖一起挖起来，到时候大家一样可以见面。

但是对小林和小王来说，这些都不是重点，重要的是薪水发下来时，半个月就比以前送货一个月还多。这是个可以用体力换取金钱的工作。

小王终于有能力让母亲退休了。有了这笔钱，他的母亲再也不用烦恼，甚至还开始跟会、标会。

小林则和所有做工的孩子一样，有钱后，买回家的第一个家电就是冷气。柏油修路工的皮肤常起病变：干癣、湿疹、香港脚或汗疱疹。平日在白天晒昏了头，晚上回到家就是开了冷气来镇住全身的胀热。

几个老师傅总说这工作要命：开挖掘机的告诉他们去买标线机和切路机，自己包工程卡好；开切路机的说，还是学着爬进“山猫”、挖掘机实在；开“山猫”的师傅说太难赚了，不如去做司机，载货就好；那坐在车上的司机也不耐烦，直说开车一身病，还是脚踏实地做事的好。看了看这些师傅的设备，他们盘算一下，觉得还是太贵，目前只能先存点现金，再做打算。

他们两人会在工作结束后回家梳洗，接着上三温暖召妓，买春，买醉，用钱买一个温暖的夜。

重划区的工作结束后，半个月没有工作，老板急着解释：台北市的道路为了选民而无法全路段封闭，又不可能在日间施工。既然为了经济考虑，人命就有贵贱。任何施工工法都有其效益或者满足的目标，当长官有要求时，就连围起路锥也必须承受汽、机车喇叭接连地逼迫。施工第一现场的工人没有多说话的资格与权益，只能在白天微微切路，挡上几个小小的交通锥，灌着结冰水下肚，等待入夜后大兴土木。

夜里，数十台机械排数组队，等着开始真正的夜。

刺眼的探照及众多的机械围住道路，今天要刨除、铺路、标线并复原。在时间倒数中，工期消逝，管理的工程师闭上眼睛，躲在车上打盹或灌下咖啡。联结拖板车带着“山猫”、挖掘机等各种设备，闪着亮光晃啊晃的。夜间没人在意，身体可以不穿衣。

慢性耗损

夜间施工

机械很多，劳工却少了，因为愈来愈少人要做，或者说能做的人愈来愈少，于是，小林和小王的薪资从入夜后开始叠加："铺班"在日间铺柏油时，一天两千起跳；入夜后从夜间六点开始，每四小时算两千元。他们总是笑着说这种工作"爱钱死好"，接着想如何再努力一点，看是顶下切割机、标线机或是挖土机或"山猫"，再为自己拼一点经济。

没几天，薪水又叠加，老板看他们能加班，便认定算师傅级了，告诉他们日薪以两千五百元计。几个年轻人在酒后，结拜跑去刺青。

各家包商调整孔盖，测量路基，一点铺完再铺上一点，一个交通锥插上一个警示灯。偶有不要命的傻瓜硬生生地冲过交通锥间的缝隙后跌跤，接着报警。整个工地因为周遭的选民而延后，却又为了符合政见而必须赶着施工。

小林和小王早早起床，晨间六点半到达工地现场，围起交通锥。年轻的工地主任听着居民骂麻烦，看着店家抱怨，最后不如他们兄弟俩目露凶光，赤着上身，把机车硬拉到水沟盖上能有效解决纷争。半边的路刨除了，但是封路到晚上六点还不能铺，得等着交通尖峰时间过后再行施工，这是市长的承诺。

市政府的庄严承诺，用他们的身体来消磨。

上工八个小时后，他们工资两千五百元；然后开始倒下柏油，在四小时后达到高温，他们耙着柏油，在“山猫”和挖掘机的旁边淋上胶，等着压路机一次又一次压过；再加四个小时，开始清扫这半边的道路，接着和标线的师傅们扶着机器，将粒状的标线刻在柏油上之后，他们坐在旁边喘气。他们连续十六小时的工作值六千五百元整。

没多久，小林买了车，等着上工的时候，开了冷气在车上睡。包商头儿自己也撑不住，请了一两个工程师来顾，但是即使在一旁休息也无法稍稍缓解酷暑的烈日。日正当头的时候，居民希望快点施工，然而店家骂起妨碍营业的工程人员像是骂狗；下起雨时，骑士骂，开车的也骂。为了实现承诺，官员催，官员急，公文一天天挂号寄到包商公司，没人有空搭理。

“路平项目”第一条通过后，市长表示满意，并且要求缩短工期——还有很多干道要做，首善之都要拼活动，要快点配合准备通车的捷运……

找不到工则是包商的事，出钱的人可以加价处理。

第二个月，小林和小王开始发现自己的身体出了毛病，保力达B无论加入什么都了无新意，槟榔再也无法制止疲累和无力，体力也愈来愈不行，只能趁着大路做完时休息喘气。

那阵子台风多，但他们只能继续做，军靴一双一双坏，也只有军靴既厚底又便宜。在刮台风前，“一九九九”占线；台风走后，里长来抗议。一下子是警察来催，回头又看到环保局人员手上拿着不知名的检测仪器。

接着，他们和其他师傅一起用起了“好东西”。那时候，安非他命一公克一千五百元，修机器的说算他们便宜。

在连续工作二十四小时的时候使用，作用真是妙不可言：所有的困意都消失了，所有烦闷也都远远离去了。只是他们忍不住抱怨装药用的夹链袋就重了零点二克，有一点被坑的感觉。但是无论如何，有了这个好东西，让他们总能笑嘻嘻的，每个月只需花几千元买安非他命，就能领上九万元十万元的薪水。

安仔是他们的好朋友。

然而渐渐地，小林开始有点失常，他在洗轮胎的时候停不下来，总觉得做工就是要做得彻底。小王也发现自己回家后，怎么睡也睡不好，觉得每天都快热死了，但他明明就有开冷

夜间施工

气。工地现场的人对此倒是无感，几个师傅推荐他们去刮痧和拔罐，只是那些都没有太大的效果。

小王觉得自己像是夜游的鬼魂，头痛欲裂并且精神不振。小林洗一个轮胎可以耗费两个小时，还好老板和监工都在睡，夜间工作少人指挥。其他师傅问起，他们只说自己身体不好，精神不济。

有一个师傅说还有另一个“好物”，小林的兴趣不大，小王倒是听得仔细。师傅告诉小王，想当年香港的科学家前往金三角，打通了整个东南亚的任督二脉，终于有了全世界知名的好物——在这之前叫作“三号”，这之后称为“四号”。没人在说海洛因，只说这东西抗酸、抗麻、抗痛、抗病又抗忧郁，只要一剂下去，人生有意义，贱民有生机。

可是，这东西用了以后会上瘾，血管会不顺，所有靠此药物想脱离现实困境的人，都只是延迟而已，人生没有改变，环境依旧恶劣。

这东西一克的公定价就是五千起跳，而且随着市场波动，纯度不同，小王无法得知剂量，只能照着行情，将纯度不等的

夜间施工

杂质注入身体，有时有效，有时无效。

就这样，小王深度上瘾了。一克一克，两克两克，没多久，他就无法支应了，一天有时要用到上万元：一针“四号”止住酸、麻、痒、痛、胀，另一针安仔提神上工地。存款愈来愈少，体力也愈来愈不好，他努力思考着如何是好，却一直没有答案。

答案在监听以及空号里。

警察是在药头的家门口抓到小王的，贩毒的证据确凿。

通路的那一天，小王没有到。

隔两天，工地主任请客吃饭结束后，警察才通知小林他们：那天一大早，小王连人带车摔下弯道身亡。他有保意外险，也有工会的劳保理赔给父母。

他没有留下照片，只有小林的手机里有留下他工作时的身影。于是，在清晨时分的联合祭奠上，一个厅堂上有五六个灵位都摆了照片，师父们各自诵经，大家则是对着小林的大屏幕手机上香。后来，小林把这部手机给了小王的父母。

他们兄弟身上有同样的刺青。

夜间施工

度余生

老林戒了十年的毒，现在定期上医院看戒治科门诊，喝医生开的“美沙酮”。

我手上有一个折叠整齐的活页夹，里面的文件写着他如何在被捕后，第一时间向检察机关陈情。他做道路施工的“铺班”人生大约在五年前结束，因他觉得责任尽了，同时想戒掉美沙酮，这是他身上的最后一个药品。

刑事答辩状上，一块一块涂黑的区块掩盖着这份文件“第一位主人”的居住地，这份文件转手了多次。老林对我说：“我买的时候花了五千元，律师说这可以救我一命。”接着他拿出一份悔过书，字迹娟秀。“以前说最好还要一份悔过书，这样检察官才能说你‘足有悔意’。”

我好奇地看了看悔过书的内容：“余年幼家贫，为求生计而汲营苟且，不幸误入歧途，恳求检座体恤，惜及本人尚须扶养父母（妻儿）……”

大约在五年前，五十多岁的老林离开了工地现场，也从那时候开始减低美沙酮的剂量。

铺班的工作年限也差不多只能到五十岁。比较优秀的师傅会选择转行，或是自己当老板。但是像他这样的临时工是渐渐等不到老板点派，算是被自然淘汰。

虽然五年来，他对美沙酮的需求量逐渐下降了，为了戒毒，仍必须每天报到去喝，因此他每天都得上医院。他手抄下医师每个月的门诊，不只是戒毒门诊，还有身心科的门诊。

十年间，美沙酮的剂量从三十毫升减少到十毫升，最近医生更试着要帮他减到五毫升，但他发现身上的骨刺和手、脚、膝盖等关节开始会痛。“可是现在不能不用了，”他指着他的脚踝，“偶尔去工作，隔天回来脚就痛得难受，不过美沙酮喝下去以后，真的可以保持不痛。”他笑着说：“我现在不知道怎么跟医师开口要增加剂量……”

他当年的道路刚好相反：三十岁时，发现身体愈来愈容易疲累，于是开始使用安非他命。那时候的台湾倡议着“没有不景气，只有不争气”，他和当年的换帖小王就为了争那一口气去拼。

劳动生活随着毒品强度而增加。当年他的体力很好，工作也在几种之间更换，打石工、铺班或者基础的搬运工，他都做过，遇到加班或者去远地工作时，就会买上一克或者两克。

现在他偶尔帮忙开小吃店的朋友包包水饺，或者当赌场要开台时，去帮忙顾场。“这就是度余生了，至少我还能‘出来’。”

四十岁左右，他在泰源技训所遇到入狱的“啦啦队”——那些不良少年没钱时就骑上机车，两人一组地强拉他人皮包。他看孩子挺聪明的，叫孩子出去后，跟他去做工。那时候的他体力还很好，在铺班里面当领班，只是没做多久，年轻人就跟着朋友去卖起利润更高的海洛因。

“用到海洛因就完蛋了，就像我兄弟小王……”他叹着气说，“我自己也戒了十年……”那个他口中“聪明的孩子”后来被抓，罪名是贩卖一级毒品。

毒品在台语中叫“药仔”，在他看来，所有的毒品都是药

物，端看使用结果能不能帮助人。美沙酮就对他帮助很大。“海洛因‘四号’一克五千，还不知道纯度，怎么可能会有好结果。”讲到这里，他感激起戒治科门诊的医师，“美沙酮一个月七百三十元，医生还会帮我看检查报告、量血压，和我一起讨论……”

他的工作历程和大多数同年龄的台湾人相同：当年缺工时，以安非他命来提神，一个星期的使用量大约要花上三千元，他还吃得起。只是安非他命用久了很难入睡，于是他混用海洛因。他幽幽地说：“四号仔，一个星期要花一万五。”

更糟糕的是被抓一次以后，从此警察就阴魂不散。“警察来抓、来查，一次又一次。邻居们都吓得要死，只要附近有人用药被抓，我就要再被警察找一次。”所以他也无法再从事其他工作，像是保全或送货员等都不可能，他曾经去朋友家帮忙包饺子，但警察经常去查问，最后，朋友只能请他离开。

在社工的辅导下，他决定去找医生帮忙戒毒。“只有在医生照顾之下，警察才不会整天把你当问题人物看待。”

最后他回去铺路，也还好铺班的朋友们还愿意收容，对他告诫一番后，继续让他上工，待遇是四千二，从夜间十一点开始。听了医生的告诫后，他再也不加班，尽可能地在下午喝了美沙酮后确定效力，美沙酮让人止痛，他在下班后去喝药，会止住身体的疲累。同时也正是因为美沙酮和海洛因混用，会要他的命。

这是一个人造的阶级。社会的独特群体普遍认为自己选择的道路，自己承担，于是加强警察逮捕，我们认为对社会有效，却很少有人知道，最有效的方式是接受医师治疗。

铺班的老板几次收留了老林，但事实上，他已经跟不上工作进度了。他的高低肩明显，腰椎的骨刺也愈来愈严重，上工时必须绑护腰以避免加重身体的负担。老板多次要他自己考虑体力，几年前还曾借他车祸和解的钱。

但是并非所有人都这样。过去，老林前往市场帮忙喊卖时，就因为警察三番两次地“关切”，而被请离开。几次工作碰壁下，他又开始使用其他药物。监狱可以帮你戒毒，但出狱后的关切以及登记，使他无法回到社会，只能一次一次地继续回头使用不同的药物。

远房的亲戚和家人也都断了联络。人们认为他很恐怖，他也一度干脆用这样的方式掩护自己。他说："也好，既然怕我，至少我很安全。"但这样的安全无法给他工作，后来又一次被抓时，他用了那份文件救命。

医院里面的戒治科门诊，在他领取美沙酮时有独立的警卫在旁，护理师和药师们隔着铁窗，将指定剂量的美沙酮交给他，他再当着药师、护理师与警卫的面前饮下。诊间的医师认识他十年了，对他定期追踪，再回头根据验尿和身体的状况调整剂量。他现在的临时工作则是医生转介社工而得的。

几乎所有的戒治科门诊医师都会加开精神科或身心科，听他说有失眠等症状，开出处方药物。因为这个戒治身份，他是病人，而不是犯人，警察才减少了上门的次数。也因为是病人，上门的从警察局变成社会局。

只不过，用了十年的美沙酮，他现在不知道该如何是好，抛出了这个问题："我应该戒美沙酮吗？"

度余生

工之伤

眼前已经钻探到地下九公尺，师傅们拉起落锤杆，金属落锤敲击出的声音清脆而洪亮。我和师傅们读着数字：一下，两下，“二”，一下，两下，“二”，一下，两下，三下，“三”。报表上填“2+2+3”。

这是“标准贯入试验”，师傅以绳索拉住圆形铁锤，那一颗中间挖孔的大锤重达六十三点五公斤，标准的贯入试验必须将大锤拉高至七十六公分（厘米）以上，然后放下，让大锤自然锤到下方的钻杆。所有的房屋在建筑施工前，都必须参考这个数字来判断地层强度，专业名词叫作“N值”，是大地技师和结构技师分析是否开挖地层时的重要参考依据。

贯入试验结束后，师傅们会把九公尺（米）长的钻杆拉起来。钻杆是每三公尺固定一支，尾端有一个可以从中间拆开的管子，称为“劈管”，他们必须将这管子里面的土样取出来，送到实验室。

这样的工作重复进行，直到搞清楚这里的地层为止。

我看过最深的一次是钻探至地下七十二公尺，每支钻杆重十余公斤，把所有钻杆拉起来的时间就要花一个小时。用来钻洞的钻机发出呜咽的声音，绳子必须淋水以避免断裂，而台湾的所有房子、桥梁或是各种工程建物下的地层数据，全是这样而来。

做这行的师傅们常常晒成黑炭，身上带有机油的味道，并且终日与柴油引擎为伍。另一个常见的特征，是许多师傅都缺了一两个指节，或在左手，或是右手。这个行业的老师傅们常常在落锤时，不慎压断手指，有人断了一截、两截，有人少了一根或两根指头。有些缺去的指节已经没了指甲，短短的手指在那里，大多数的人不会去问，也不知道该如何问这根手指的故事。

我是偶然在中午休息时间知道的，那时候我对着几个师傅问起“自动落锤”的事，出乎我意料的是，这些平日与我交好的师傅每一个都立刻变脸，七嘴八舌地聊起这个设备的危险和

恐怖，接着有几个较熟识的师傅们说起自己手指的故事。他们对于使用这个设备抵死不从的态度让我惊讶。但没多久我终于看到这个万恶的设备了——这个设备很好，对于工程师和技师来说很好，设计简单，模拟出了真实的自由落体，也因此，得出的数据更值得信任，让技师判断地层的强度时更有依据。唯一不好的只是危险而已。在师傅的眼中，虽然多了一个工具可使用，却也多了一个夹断手的可能。

师傅们骂说：这玩意好都好到坐办公室的，反正站着说话不腰疼，敲键盘的不断指，当年多少人断指都是这玩意儿闯的祸，设计者从来没有考虑过他们使用者的心声。

你一句我一句，那一截截歪掉的指甲和根本没有指甲的手指故事渐渐浮现：有些人因为刚入行时施工，在紧张或是还搞不清楚情况的状态下，手指被压到而坏死；有些人因为懵懵懂懂而忽略危险，到医院后只好截去一截；有些人则是因为工地距离医院过远，轻忽痛苦而延误就医；另有些人原以为没事，没想到组织慢慢坏死了……

这些断指的情况，我在不同的地方也听过，但听得不多，更不深入。工伤意外者或多或少都有自己未注意到的状态，或许是过于疲累而失去专注，或许是心情烦闷，也可能因为对工作内容不熟悉却匆促上工……这些原因全都可能造成工伤，但也因为其中或多或少有自己未注意的成分，当被并不熟识的人问起时，自己往往感觉到被质疑：怎么不小心？怎么不注意？怎么没有看好操作说明？

所有的问题都可能造成冒犯，毕竟断指的外观明显，即使我们将眼光转开，也可能不经意地透露出不同于其他人的眼神。于是对于工伤者来说，自己身上的伤便成了不好启齿的话题。

有时身边的人则有另类的义愤："老板怎么没处理？""怎么没有劳保？""医生怎么那时候没有发现？"……却没想到这种话可能会再度刺伤人，也忽略了工伤发生时的复杂成因，更何况再情绪化地追问，断掉的手指也不可能接回去。

有一名断指的钻探师傅告诉我，当年他的手指就值六千，由老板娘包来，他用这笔钱生活了一个月后，回到原本的老板手底下继续工作，最后他也成了这行的师傅。

这也是我身边大多数师傅的情况：无论伤、病、痛，总还是要为着明天的生活继续过下去。营造业并不是唯一如此的，其他如机械操作、印刷裁纸等，也都有类似的故事发生。这些工作的危险性高，保障却比较少，同样的故事接二连三发生，过去我没有注意，只是因为自己所处的环境较为安逸而已。

社会大众并非不知道这些工作的辛苦和危险性，只是即使知道，也总是拿“这些行业的薪水较高”“从业者很专业”的理由来说服自己。在远离这些环境之后，看不到了，也就不在意，只剩下工资较高的刻板印象。然而，工程现场依旧危险，人员训练依旧不足，从劳保有统计数字以来，营造业一直都是职灾伤亡比例最高的行业。人们说“富贵险中求”，但险中少有能因而富贵的，更多的人是在遭遇职灾后离开了。

我身边的师傅们能在工地现场待下来，算是幸运的。有些钻探师傅尽管伤了手指，总还能保有工作，手指也不见得会每天被人看见，听过更糟的另一些状况是缺手或断腿，就不可能继续留在工地。我们的工作环境辛苦又危险，因此，一旦因职灾而成为身障者，便更难以生存，赔偿和保险加起来也不可能有足够的保障，过去的经验、技术几乎无法用于维持生计。在我听过的真实案例中，有人就这样饮酒致死。对此，所有人无能为力，众人所谓的那些转行、职训，都难以和这样的人生经验衔接。

要求弱者更加努力，是一种遮掩无知与卸责的借口。

纵使我所在的社会环境知道要呼口号、要提人命重要，但这种话总是说完就算了，偶尔会等发生一两次的重大伤亡事件后，才恍然惊觉，当稍微看到那些断肢、身障以及遭灼伤者后，才发现法条和规定等制度从没有为人命考虑。

等到需要廉价人力时，社会依旧找来弱势者屈从。我心知肚明，最危险的工作不在我所待的环境，那些工作场所找的是外籍移工，要他们做本地人不愿意做的工作，不愿意的原因是危险、辛苦，并且酬劳不成正比。

所有人都看到自己身边的工地劳工辛苦又危险，也要求孩子多读书，以后才能找到好工作。就在这样对基层劳工仍有偏见的情况下，外籍移工的待遇只会更差，并且还回过头来削减本地劳工的待遇。

如此

人生

如此减低成本，压低补偿、赔偿与照顾的责任，使我们的工程环境更难进步，所有的技术期刊都少有针对劳工的防护设备研究。为了工安而做的资料虽多，但实际能给予劳工的薪资却一天天减少，为了自身安全，劳工似乎只能自备防护用具，但事实上根本无人花钱给自己投资。

当人力只成为数字，不再是活生生的人时，没有人在意这些劳工的待遇以及家庭，如同捷运站旁的纪念碑一样——我们看着政客剪彩，作为政绩，却没有人关注那些已经殉职，或者背负病痛终其一生的劳工。

进步带来的是残酷，为了快乐地活下去，社会自然对于弱者、残者不在意。

留下来的师傅渐渐年老。师傅们告诉我，他们也只有这个技能。他们不偷、不抢，靠着体力和经验，在这样辛苦的环境下拼搏。

即使雨天，钻探师傅们也得穿着雨衣继续工作，淋上一整天雨的身体常常伴随着病痛。而这不是单一情况，其他工种也相去不远，顶着工程进度的压力，鹰架工与模板工也是如此。

那些穿刺、撞击所带来的伤害甚大，他们身上的职业保障却少得可怜。只算工钱或是数量的环境，使得所有谋生方式都是靠自己的身体在拼，一旦受了伤，影响的更是未来的生活。家庭需要开销，日子也要过下去，有些人靠着借贷勉强撑着，将所有人际关系消耗殆尽后，工伤仍旧存在。

传统产业的转行难度极高，这些工作通常单一而独门，一旦离开要转行，基层劳工的学历以及人脉，都不足以够上好的渠道和职位，可能是转换成为低薪且一样长时间的工作，例如：保全或是送货员、清洁工。只是，工伤者有时连这样的机会也得不到。身有残疾者一向不受到我们社会的看重，在自然淘汰下，没有他们可以谋生的空间。

我的一个师傅告诉我，汐止五股高架桥下有他的一根手指。但他的手和我的记忆一样，只会随着时间被淡忘。

没有人会在意工程的背后有多少根手指。

告诫

我收到两张花莲游乐园的门票，拿给我的师傅问我还要不要多几张。我问他为什么不自己去，他说他拿这两张门票不想玩水，只想跳海——十张门票换三个月的利息。“过年前又来这一招！”他指着我手中的门票开骂，“十年前更扯，请款前得先买他家的保险。”咒骂两句以后，他开始喝酒。

隔几天，包商们在我面前讨论起各种“做不大的老板”，但事实上，能被这些包商们骂的老板已经“做很大”了。对那些能够拖欠工程款项的大企业主而言，这些所谓“做不大”“未久长”的评价毫无意义，从来没人在意第一线施工人员对于建商的评价，自然可以更加恶劣地拖欠或是克扣工程款。各种“拖款奇谈”如雨后春笋般地冒出来，师傅们也不知道该怎么办，就连师傅的师傅可能也不知道。

几杯酒下肚，他们对于高学历知识分子的鄙视和厌恶跃然

酒杯之间，直说着："戴手套的是好的，拿笔的是坏的。"说实话，这些包商头儿对自己的员工也不见得有多好，只是少了拐弯抹角和奇怪的手段，应对上直接许多。

许多师傅抱着自己的怨言来找我聊他们的辛酸。听了他们的故事，当然不能统统简化成如他们所说的"拿笔的是坏的"。只不过，摆在眼前的各种声音确实呈现出一种不可思议的魔幻场景，各式从未听闻的例子从他们口中奔流而出，有些还有斩钉截铁的"证据"：百货公司礼券、大老板写的书、强制报名的旅游团等，这些原本应该是礼物、制造快乐回忆和相处的经验，反而变成了强迫中奖。例如：

"我那一次有一个小工被劳安说要罚钱，如果不要罚钱，就是去买他们家的保险。干！给你整个公司推销业绩就饱了？"

"老板会坐在那里很客气地请漂亮小姐倒咖啡给你喝，然后拿游乐园门票告诉你：'过完年，等二二八一起给你。这个先收下，不够的话，我再给你五张好了。'"

"以前我收过礼券，那时候那家公司请款啊，一半都是开半年票，另一半就是要你收礼券。那家百货公司什么都贵，现在我家里所有的家电，还有老家所有的家电都是那时候买的，不然会过期啊！”

还有师傅告诉我，这些建商占了台湾报章杂志广告的大宗，但说了也没人信。这些师傅对于司法以及官员的信任度本来就很低，认为不管走任何法律内的途径，也只是再被羞辱一次而已。

“他们很厉害，养了很多教授和记者，写了一堆很棒的文字，放着不用，等到自己的案子出事时，这些教授就会有准备好的‘研究’出现，配合‘专访’，一起让不懂的人感觉到他们的厉害。”

在这些师傅眼中，公部门更糟。

许多管理部门人员在通过考试进入职场前，根本不懂工地。此外，相较于民间建商的强取豪夺，公家更是明摆着只出最少的钱，让得标者“各显神通”。

但是便宜没好货，最低价得标的工程质量可想而知，大型案件在没有追加预算下，少有不拖延的。这甚至还有一套理论

依据：当一个工程案到手后，做了能够不赔钱的就先做，做到要赔钱的部分再来拖。而有时是不得不拖，因为工程设计不良，难以处理；有时则是不能不拖，为了工程进行时的相关配合措施反倒得追加工期。

师傅们对管理部门的抱怨自然不亚于对民间公司。

“依法办理，也要说是怎么办理！打电话说不知道，开会没人能做主，发文说没收到，只会说‘照图说’，图里面又没有画清楚。”

“做十樘窗户要计划书、要检查表、要材料验收，然后还要等人、等时间，全世界所有的工人都在等长官来看。结果等来的人除了出来拍照以外，又什么都看不懂，是点收个一二三四五喔！”

“公家的案子里面怎么烂都没关系，动土典礼那一场一定要特别做好，路要整平，地要洗干净，车子要全部净空留给贵宾停。现在比较好了，做面子就可以，以前验收是要把‘人头马’白兰地准备好，一人一罐的。”

这些说出来的对话内容符合我的经验，却又点出了不同的观看视角：原来对于师傅们而言，等待验收的过程，带给他们的是下马威或是划分阶级的感受。

师傅、包商们受到传统师徒制的观念制约，在养成期间总是忍受各种恶劣对待，结果造成了当他们出社会时，很难有办法去应付这些“老板”的无理要求，加上权力不对等以及掌握资源者的优势，注定了他们的抱怨和咒骂，只能向着自己身边的人发泄而已。遇到不合理的事情，大多也只能吞忍下去，等待和朋友群聚的时候，前去一吐苦水。

除制度以外，有一种状况是“底下”的人会做的事：有些监工会要油水。

民间的包商懂得私下交易，给“百分之十的回扣”的谣言甚嚣尘上。公家单位的管理问题也不遑多让，不止一个包商告诉过我，进“双北”*的学校做，谁能拿到标案，就得准备帮学校付整月的水电费用，作为“节能减碳”的业绩，学校管理工程的人同时还可以得到奖励，以此确保验收能顺利通行。

当然，师傅和包商口中也有一套豪情壮语：

“干！我以后不接××的工作！”

*台北市、新北市称为双北。

“以后那个姓林的工作我再去做，我就是白痴！”

只是不做会饿死，抱怨以后，仍旧只能继续寻找可以糊口的工作，带着这些传言和故事，等着跟其他人一起交换比拼。

这些“传言”很难浮上台面，既难证实，也没有相关的研究或真实的数据，我们只能相信自己的经验，听朋友们抱怨，继续对失业率和经济成长数字嗤之以鼻。师傅相信的则是自己被跳票的次数以及拿到的礼券和游乐园入场票，和自己的经验做对比。

这些师傅们说话总有一种“信不信由你”的态度，可能夸大，也可能是带着自己当年的情绪，要后生晚辈们“小心”。身为监工的我每次听见这些“传言”，从中感受到的其实不是有多少真实，而是有时，我反而担忧起：自己是否也成了传言中的一个共犯？一名助纣为虐的帮凶？

那些不是真的或假的故事，而是人生中不知多少后悔、无奈心情的告解，以及告诫。

续命

那一回，阿翔师傅是真的不能走了。

他和老何师傅两人一同工作许久，是传统的老师傅，带有身为劳工的坚持和尊严。无论天气如何，两位师傅总是穿长袖、戴着棒球帽前来工作。他们是所有监工最不需要担心的组合：每天七点一定到工地现场，如果迟到或是无法到工地，也必定会在前一天打电话告知。

像这样的师傅，一旦打电话告诉我无法接续工作，大概都是久病复发。

工地现场一如传统产业，像他们这样的户外工作者更是辛苦劳碌终生。别的行业未必如同营造建筑相关工作一样，一直以来都位居职灾伤亡比例及总数的榜首。更令人感到哀伤的是，大多数师傅早已经知道自己身上的病痛，只是毫无预防的可能，虽然所有职业都可能过度操劳身体，例如：坐办公室的少有时间站起来走动、休息，但是工地劳工可能是弯腰或蹲着，同样是超时工作，工地的劳工可能还同时淋雨。

阿翔师傅的病是骨刺，这在工地并不稀奇，但是最为难治。每个师傅在工地现场的病痛多有雷同，但各人的求医方式完全不同。

另一位阿中师傅也曾因骨刺，痛到有半年都无法工作。他说在发作时，尾椎上方会有一阵酸麻缠绕住腰间——就像是按摩的时候，穴位被压住的感觉。这时，整个人只能稍稍驼背，弯着腰，才能避免“咁哪电到”（好像被电到一样）的电流往右脚窜下，到那时候整个膝盖会失去支撑的力道而跪下，整个人只能把嘴巴张开来，用手撑住脚，勉力地忍受全身冒着冷汗直打战。

痛到了这个地步，所有师傅都会劝你最好快点去诊所打一针“止痛的”，公定价五百元。这几乎是所有师傅的第一解答。但是这次在阿翔师傅身上没了效果，于是他也和其他师傅一样，开始了漫长的求医之路。

每个师傅都把自己的好用偏方推荐给阿翔师傅。阿中师傅

如此

人生

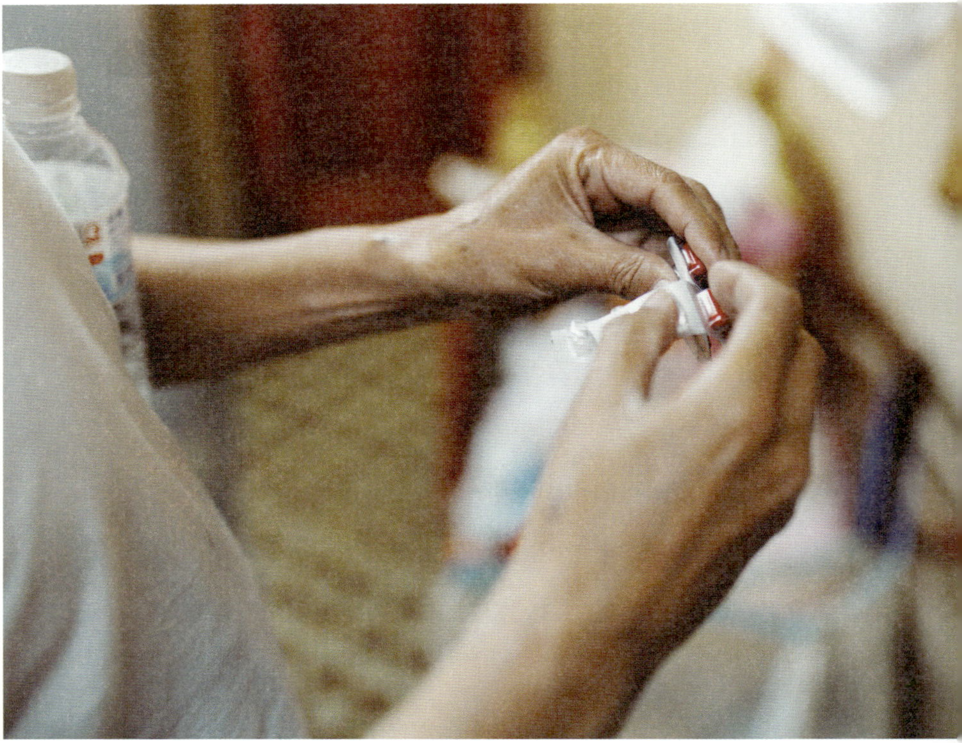

的药方是将“牛膝草”熬煮后服下。这是一种我搞不懂的药草，但他和妻子在工地看见时，总是如获至宝地收割到车上。熬成药的牛膝草茶难喝至极，却是阿中师傅最倚重的良方，不管再难喝都要吞下去，以免于骨刺之苦。听到同伴有病，他大方地分享了一罐“治骨刺神奇药草饮”，但同样的药方对阿翔师傅毫无作用。

穿着护腰的林家夫妇也长期受腰部骨刺所苦。他们多次看了骨科，说是骨刺有一整排，不但都椎间盘突出，还有倒钩型骨刺，开刀也不见得会好。他们的选择是定期前往复健科做电疗，拉脖子。林大哥坚持这种事情要交给专业的骨科医师，或者前往合格中医或复健科门诊诊治，其他师傅却不以为然。阿翔师傅也说他看复健科有五六年了，每次都只是拿止痛药和做电疗，对于每天得提起二三十公斤钢管的他来说，远水救不了近火。

阿翔师傅的妻子则是向一位“先觉”（高人）拿到一种叫“黑面马”的草药*，加上“左手香”*后，剁碎敷在腰上，居然真的有用。敷药的隔天会起水泡，不过，骨刺的疼痛确实消失了，而且可以正

*『黑面马』指的是白花丹（白花藤），是一种治疗跌打损伤的强效草药。

*『左手香』，指一种草药，学名印度琉璃苣，是一种可以消炎，香味很好的草药。

常过日子，只是这药不能每天都敷，皮肤受不了。他们说这是以毒攻毒的方式，从引毒、逼毒到解毒，有一套独特的过程。敷上的部位会起水泡、变红肿，但只要水泡退去，也就真的不痛了。

然而这个方法，阿翔师傅用半年便失效了，提供免费药方给他们的“先觉”说是“没了缘分”。

不再敷“黑面马”之后，阿翔师傅的身体回到原状，只要一上工，全身就会刺痛难耐。像这种无助于工作的偏方，对师傅们来说就等于没有用，大家都说起这种“黑面马”是毒草，只会造成皮肤溃烂。

师傅们贡献出的药方各不相同，而且对不同的人不见得有用。医学对疾病都有一定的分析依据，如果一种病痛要医治得当，回诊追踪、做检查以及与医师的讨论，绝对不能中断。但是，问题也就在这里，医嘱所提的，师傅们很难做得到，加上一次一次的回诊，就是一笔又一笔的金钱开销。

整整痛了半年，试过各种药方都无效后，阿翔师傅最后去做了镭射骨刺手术。他的伙伴老何师傅的爸爸几年前也是在林口的同一家医院开刀，手术不能用健保，一次的诊治费用要三万元。

开刀前，阿翔师傅连拿起二十公升的油桶都因为要弯腰而无力，甚至爬不上货车——几位师傅最后就是用所谓的“货车理论”说服他，说这种钱省不得，对待自己的身体要像对待老货车一样，知道有问题就要保养，该换的零件也得换掉。手术结束后，他健步如飞，几天后就两手各拿着一个灭火器，在我面前晃来晃去。

这些师傅对于所有的门路都说得不清不楚，比如一剂五百元的止痛针成分究竟为何，我和他们一样都看不懂药品英文，也未曾在施打前注意。而药草偏方对于每个人的体质所起的效果不同，既有不同效用，也有不同风险。传统中医需要长时间的调养、进补，劳工师傅却极难做到养生之道。骨科、复健科则需要追踪就医、照电光等，用上长时间来改善身体，然而以高强度劳动者的身体来说，复健很难有明显成效。

传统产业的劳工是以自己的身体当本钱，也就是所谓的吃苦、爱拼。但人命有贵贱，有些工作容易被取代，并且毫无社会保障可言，我们的文化习惯了劳工的工作可以被廉价人力替代，越发使得劳工赚不到钱。

阿翔师傅总是说如果他退休，可能那些牛啊马啊的药草会有效。但他劳动三十年的退休金不到八十万，领了之后大概只够维系生活不到五年。六十二岁的他在开完刀后说要继续工作，赚回镭射手术的治疗费用，还笑着说要赚足下一次，也就是三年后的镭射费用。

另外几个师傅也都抱持同样的态度。有一次，工地大嫂边帮我抹药膏，边说我的高低肩和她的小叔一样，十年内，这种高低肩压迫脊椎，会对我造成永久伤害。他们倒是认命，而这样的认命习惯也延续了一代又一代。从事这些工作的待遇不受保障，老师傅们的身体环绕着病痛，年轻劳工踏入职场时也就等于带着诅咒，无论维士比的广告节奏多轻快，身体的劳累以及长期积累下来的骨刺、五十肩、韧带拉伤、习惯性脱臼或是组织炎等病痛，都会逐渐发生。

在这样的情况下拼搏，一旦认命，反而令人有种悲壮感。社会对于劳工的工作环境认识得太少，几乎没有承认过工地的烈日会热伤人，从二〇一〇到二〇一七年，在工地里发生中暑及热衰竭的工安事件只有十二件，而其中五件的结果是死亡。

我身边没有一个师傅认为晒到中暑是职灾。对他们而言，慢性的身体损耗，是他们早已从师父、叔伯辈的身上看过的未来。

在工地待久了，我也逐渐得知自己身上有哪些病痛：进入工厂做体检时，发现自己和林师傅一样有高血压、高血脂；赵师傅帮我刮痧时，注意到我们同样在腰椎位置长了骨刺；廖大嫂帮我抹上烫伤的油膏时，我才第一次听过“高低肩”。我和师傅们一样，年岁渐长，身体渐差，明知毛病一堆，但也就像对待我们的货车一样将就着用，只要还没有坏到不行，就先省着点——抹一点油膏，上几片贴布，偶尔在领了工资后，去找推拿师、整复师抓一抓。

当然，没钱也就只能忍耐。缓慢的病痛终究不会一次致命，艰困的环境能看出令人感到哑然的韧性。就像是晒到一定程度的皮肤，又硬又厚，对于冷热的感受都模糊了起来，又像是闷在雨鞋内的双脚，就算会痒、会肿，只要还能忍耐就都可以行走。

每次与师傅们聊起他们身上的病痛，总听他们在说到一定的程度后，透出无奈。“要好好照顾身体”这类的话，说起来像是要他们更加努力地照料自己，可是工程进度是我在要求，一旦被上面逼急了，我也会抓狂。他们反倒体谅我，总会答说：“林欸，咱知影你关心咱，足感心。问题知影马无效，日子总细爱渡。”“袂做欸时阵驾来打算。”“啊这死死欸卡快活！”*或者说：“有啦，我们有想办法看医生啦！”

中午，他们去买便当的同时，还买了普拿疼加强锭和斯斯胶囊回来。医生看了没用后鲜少回诊，成药倒是便宜好用，甚至自己乱七八糟地搭配当成偏方。明知道这样不好，身体只会继续变差，但是，身而为工，只能继续。

我想起阿翔师傅说的，他准备先赚足下一次动镭射骨刺手术的钱。

*台语，这几句的意思是：『小林，我知道你关心我们，很感动，可是知道也没有用，日子总是要过。』『要做的时候再来打算。』『啊，这死一死比较快乐。』

鬼故事

围篱被涂鸦的年轻人喷上了“鬼岛”二字。小区的总干事告诉我各种管理警卫的诀窍，比如：“日班效率靠巡检，夜班提神骗闹鬼。”在这个空屋比人多的小区里面巡逻并不容易，各种鬼故事得以免费提神，最棒的是人们又怕又爱听。

其实，这个区域不需要鬼故事就已经很可怕了。沿河堤而建的公共设施旁，草长得比我还高，随便一点风吹草动都能把人吓出一身冷汗。恐惧本身就是恐惧，任何的理由都只是解释而已，和这里飙涨的房价一样。

建商接二连三地在这个本来没有人出入的地方盖起大楼，到现在，各种噱头花招用尽了，却还是没有销售业绩——不是房子不好，而是没人买得起，这里的房子已不是买来住，而是买来卖，经过炒房包装成为投资品后，谁也买不起。

这里新盖的大楼多数是十三层，因为超过十三层的建案需要做环境评估，可是房子要快点卖出，可等不及这个。

大楼通过点交后，在夜晚仅靠公设楼梯间的照明撑起画面，事实是几乎没有灯光从厅房中透出，说是已经卖出的房子却看不到任何人流。一楼有房产中介长年在门口摆上的“金店面”宣传牌，一年、两年……始终闲置；对街也有块“金店面”牌子。一楼原先设计为商店街，如今能开设的店面却永远只有房产中介。

我觉得一个地区的基础繁荣程度，可以看早餐店、便当店以及便利商店，以这个标准来看，这里明显不及格。照理说，一整栋大楼应该可以养活一家早餐店，这个小区造镇已经许久，应该有各种中、西式的早、午餐，却只有一家早餐店不停在包三明治卖给我们这些工程人员。另一家店则是槟榔摊，还很明显做的是工地生意，包括代订便当、煮泡面，以及卖结冰水、茶叶蛋、十八王公粽之类的标准服务套餐。

人们说台湾的新市镇应该起不来了，不要再相信什么建设或是商场，都一样的。

我出生那年，林口重划区被划定了，最早喊出要容纳二十五万人，到我三十二岁时，林口的人口约略是十万人，这还

是因为当地推出了大量的小坪数建案。

另一些位于市郊的重划区在人口逐渐老化下，看起来更难成长，不过也好在还没人入住，因为这些重划区未来可见的问题，如今已先浮现。以我所在的这片重划区来说，顺着街道是通往距此几公里外的老城区，那里的房子只有四层楼，双向四线道的马路边有各种违停车辆挡道，即使利用高中建了地下停车场也无法疏解车流，常常堵车。而这片区域在重划的时候，路能多窄便划多窄，地有多宽就挖多宽，高楼大厦地下都有着超大停车场。我们都说如果每栋大厦有地下四层，以后都住满了人，每层楼都会有百余台车，再加上小区巴士，遇到上班时间，交通准要瘫痪了。光靠一条街，哪有可能疏解车流？

我们知道，建商知道，官员知道，买房子的人也知道：没有人入住，这些重划区根本生不出生活机能。然而，包装过度推出的建案丝毫引不起人们来购买，曾有一度所谓的“鲑鱼洄流”*，看来却只是回头炒房而已，代价是再也没有针对实际在台湾工作的人推出的建案。

房价飙涨的速度太快，卖房子的人将交通、学区等各项机能都说完以后，最能吸引人的还是吹嘘未来。而

*『鲑鱼洄流』，指政府曾鼓励台商回台湾投资，但这些台商回台后多半只投资房地产进行炒房获利。

当买房只为了投资，所有人像是吸毒一样，上瘾却不自知地重复进行炒作，忘记了吸毒的后果。

我的包商师傅们感叹，从这些工地已经看得出阶级差异了。过去他们是帮人盖房子住，现在是为人建炒地用的无人套房。代销公司的展示屋内有各种招待噱头，设施争奇斗艳，施工者的收入却是数十年不涨，房子愈盖愈贵的时候，自己却愈来愈穷。

重划区的土地多数由政府强制或半强制地征收，有些原本在该区域营业的老旧车厂或工厂被驱离，新划分成的完整土地再分由不同的建商开发，有时候一次有数十件建案同时开动，有时只有零星几件，但是大部分的情况，购地的建商习惯一次次缓步开发，吸引更多任务班持续跟进，或是借以拖延付款时间，因为只要还有建案在做，主导的开发商就能要求包商将开出的票款拉长票期。

已盖好的空屋连给施工人员作为租屋都不行，商品和人一样有定位，炒作出来的投资愿景容不下真实生存的人。只不过，投资者并没有真心打算入住，也就没有认真在管理，都市的年轻人看不到未来，当地的老人迟早也会忘记原本的街景。

至于建屋的施工者则住在更远的地方，每月房租六千元的路边雅房。

很久很久以后我才发现，我和师傅们聊的内容在报纸上是看不到的：大部分的人不知道货柜屋可以住人，槟榔摊也可能在后方有床，有地方供临时梳洗。我们所说的像是乡野奇谈。

出社会的十年间，我刚好见证了房子涨价的速度，回头看着基层劳工的收入而感到羞辱。十年之内，已经逐渐看不到合理的房价，各地区的新建案只为了投资者而做：大坪数（一坪约等于3.3平方米）、大噱头和大设计。我们听到的不再是拼经济，而是在说：开海洋世界的建商要用游乐券抵作工资，开餐厅的建商逼迫包商将尾款换成订桌数……这些鬼话我们用来比惨，串成了一部人间鬼故事。

多年前，身边的包商头儿还说着“明天会更好”，现在不再说了。数十年没有涨的工资，使工地现场的劳动者逐渐老化，偶有一两个年轻人来也未必能久待。重划区内还有独特的面包车，老车装上新窗帘，或者窗户贴上反光的黑色隔热纸，载着一个一个无证移工来去——原先的老工人身体耗损，长年压低的待遇难有积蓄，面对能忍受更恶劣待遇的移工，老师傅只能逐渐远出工地。他们笑着告诉我，最后的人生目标就是火车站，“但我应该不会跳轨啦！”政府对年轻人不好，对这些老人更糟。我只能回应有的没的含糊鬼话，因为现实太过残酷，所有对老师傅人生的疑问都是质疑和羞辱。

偶有一两个朋友因为家中资助而买了重划区的房子，也成为不被理解的一群，有房者的房贷压力很难在这个时代找到他人同理，当我们说着“终身不买房”或是“房价高涨”时，他们总沉默着。高涨的房价不只让无法购买者感到羞辱，也让已买房者感到负担。一位刚买了房的朋友跟我们一样说着“鬼岛”，心里却祈祷房价不要真的下跌。

那次我去做客，当朋友交代警卫请我把车停在地下室时，管理员告诉我，那一整排的车位可以随便停，我才真的发现自己所学的工程技术已成为房价起涨的一环。我以此为生，为此牟利，却也惊觉自己过得并没有多好。

我想起了每年都会有的房地产相关书籍以及各种东南亚炒房须知。

我活在鬼故事里。

他们原本不会死

我到现在才知道他们原本不会死，但我说不出口。

跨年前夕的桃园和我上次来时不一样。这段期间，火车站这一带所有的越南商店和餐厅，不约而同地摆出了募款箱，有的箱面上印有彩色照片，有的是纯粹手写标语。走过一家又一家，看到人像照片上都写着数字“6”，背景是一片火光，但我不晓得该如何问店家，只能默默记下。我知道这里的店家专做越南人的生意，跟我不熟悉，多半不会愿意回答我的问题。我只从一位熟识的印度尼西亚裔老板口中听说，似乎是募款。

他们在台湾连募款都要小心，这是异乡人的潜规则，在他人的土地上，无论说什么都可能矮上一截。像是同样工作，薪资却明显低于台湾的劳工。本地人向来轻贱劳动者，尤其是东南亚裔的劳动者，所以来这里需要处处小心。

确实该小心，桃园芦竹大火是在二〇一七年十二月十四日发生的，烧死了六个人，全部都是越南籍的移工。他们不是特例，一个月前，在十一月二十二日，中和的兴南路也烧死了一群移工，共九人无法辨识身份，新北市政府也无能为力。两场大火夺去多条人命，尤其是移工的命。

我知道那些起火的房子。除去两场接连发生的火灾，同年十二月五日在台北市八德路四段的大火，以及四月七日的南机场小区大火，都是可以预见的问题。发生火灾的这些房子全数老旧，房东大量隔间给弱势族群栖身收租。

政府没有驱离，自然也没有保护或是重视，强者可以争取政府扶植补贴，弱者则交由利伯维尔场（完全依靠市场自我均衡）。我所有的专业技能在那些房屋里几乎派不上用场，只能哀叹，因为那些电工知识只能用在“正常的”居家环境。我看过这种木板隔间：房东通常没有维护电力系统，电箱也没有整理配电盘；每个房间可能只拉了一条白扁线，同时用作开关、插座、灯具和风扇的电源，但这种电线不适合长时间使用。法规在这里没有用，工程专业也没用，我很清楚，这样的环境迟

早会过热并跳电。可是只是清楚有何用呢？说出正解以后，每天我的工资要两千，还有电线要钱，电力系统也要钱。如果可以住在有独立电表且有冷气的房间，谁又会愿意住在这里呢？

答案是：没有选择的人。

走在桃园街头，我询问身边的越南裔新住民后得知，这些募款箱是为了募集那六名移工的家人们来台的费用，过世移工的照片就印在募款箱上。箱子有不少种，由各地的越裔团体分别管理，新住民的、看护工的和厂工的都有。但他们对此很低调，因为他们害怕自发性的募款会遭到市官员刁难。有一位店员加入谈话，说："这里的法规很复杂，就算是好事也要小心。"

我对于台湾的公职人员并没有好感，但不认为真会有人刁难这种自发性的募款。一来，这样的灾害募款在台湾不算少，民间自发性的救急金根本不可能真有募款字号。二来，因为台湾的公职人员本身就爱募款，学校老师为清贫孩子的募款或一般公部门为小区弱势的募款，常常在进行着。此外，军、公、教人员做善事也最喜欢透过募款的方式。我想这又是一个谣言，反映的是异乡人在台湾对于公权力的惶恐与不安，以前我习惯从摊商和劳工口中听见这样的言论，如今则透过新移民及移工之眼，认识了一般人没见过的公职人员。

六人死在宿舍里，其中两人相拥着死亡。他们的家属没想过自己的丈夫、儿子会住在这种地方，这样地死去。

越南姑娘们的讨论变得激烈，话题围绕着移工的生活环境到底有多恶劣，隔间只有一片薄木板，完全把移工当作摇钱树在管理，怕他们逃走。

她们看着我，问："有没有老师能告诉我们该怎么办？"她们希望我可以说出政府部门有所作为或是有在改善，告诉她们台湾依旧有学者、专家懂得法规，并且知道该怎么办。但在那处既无视法规，也没有任何安全的地方，我的专业能力一点用也没有。我没有话可以说，我没有任何借口可以辩驳。

其实本地人曾经为外籍移工争取过权益，那是二〇〇五年的高雄捷运泰劳弊案。当年还被称为"泰劳"的泰国移工们住在极恶劣的环境中，中介公司掌管着他们一切的生活及消费，这种状态引发哗然，高级官员纷纷因此下台，我知道本地人不是没有关注过移工待遇，但关注的方式如同昙花一现。

台湾人不是不知道，也不是没有努力争取过。

曾经有过很严苛的管理法规，却因为政坛的轮替悄悄地被改去。原先是雇主必须主动出示合法的居住文件，现在成了建管部门和消防单位的责任。而移工的主管机关不懂建物结构和消防法规，他们也不可能有足够经费和人力可以全盘理解。

于是，移工一个一个死亡；于是一次一次地，我们惊讶于他们居住空间的拥挤，因令人哀悼的死亡人数感到骇然，但没有办法改变。当雇主不再有责任，当法规悄悄地被抹去，无人察觉，无人闻问。

当时的官员不可能不懂，不可能不知道，多花一些时间却保障了一个人的居住空间。

我看着找到的资料，工厂雇主必须准备好“安全的”宿舍供移工居住，这可以证明本地人曾经有良知，曾经努力过，法律曾经有保障过。

但只是曾经。

我不熟悉政治，更不懂法律，但如果连我这样的劳工都看得出这些问题，那么，学者们到哪里去了？

几个越南姑娘的手机里，存着桃园宿舍大火发生时的脸书直播截图；朋友传来的移工的家属们落泪哭倒的画面……那些死去的移工，他们住的违建宿舍一个月房租五千元。

我无话可说，只能看着陌生的文件和法条落泪，也清楚这样并没有用。一条法令的修恶，累积至今已是数十条人命。学者没有声音，官员没有反应，为了我不知道的原因，我们用活人献祭。

我做不了任何事，只能回去火车站那里，将钱投入箱子中，并且祈祷这样的募款不会被当局找麻烦，只希望自己投下去的这点钱能到家属手里。新移民姐妹们不相信官员，我却不知道如何开口解释这一段曾经有过的法条，又该如何告诉她们移工的居住安全，不到一年就被悄悄自台面上撤下。劳动法规不是第一天修恶，也绝对不是第一次修恶，所有的劳工管理单位对此都无能为力，只能眼睁睁地看着一个一个的募款箱出现，并且不去检举，如此而已。

我懂得愈多，愈无力而忧伤，这些知识在为恶的法律面前，无疑蚍蜉撼树。

JAKARTA
Onthel
Serve

星期天是移工游行，我不知道该不该去，毕竟我无法开口。我无法告诉为声援死去伙伴而参与游行的那些移工们：“他们原本不会死。”

如此人生

后记

如此人生

我的人生记忆应该是从小学开始，记得那时候常搬家，或者睡在工厂内，在最早的印象之中，有大型印刷机台和各种设备堆砌。那时候的印刷师傅每个月有五六万薪资，我父母后来也借钱开设了小小的印刷厂，但我对工厂的印象不深，当时流行把孩子送到安亲班，晚上再去接回，有时候会让孩子在厂内过夜。

师傅们会去槟榔摊赊账买药酒，那时候，无论在家或者在工厂都流行保力达B加米酒。但那种药酒是不给小孩喝的，小孩偶尔拿筷子沾一下，会引来工厂内其他女生的白眼。小孩另外有一罐沙士。我就喝着沙士，在一旁听大人们喝保力达B时的吆喝和豪爽，也听着公部门的刁难和警察的傲慢。

在我的记忆中，景气总是愈来愈差，我身边的人状况也是愈来愈糟。

差不多在我小学高年级时，印刷制版业已经无法与大环境竞争，基层工作者是不会有什么保障的，于是我父母在夜市找了个店面，开始摆摊。那时候流行玉石、水晶，就是在一个一个圆盘上有着会转动的水晶球，有的水晶球摆成阵形，有些则是发晶或者其他水晶。当店面难以经营后，我的母亲就开始到处租摊位，摆起珊瑚、翡翠、白玉和其他饰品。

夜市里有其他摊商，从远处批来各种玩具、细软、摆饰或者家庭五金，我还记得那时候在中和，旁边有一个摊商卖的是生鱼片，从万大路批发而来。我开始从身边的交易中记下一些关键词语，这些对话比起任何课文都更吸引我："一命二运三风水，时来运转招权贵"，"夏天外用泰国药，冬天内服日本药"，"征露丸要买喇叭牌，行军散要买五塔标"，还有"夏卖剉冰冬宰鸭"。

我喜欢在市场里闲逛，孩子的眼睛总能骗来一点试吃、试玩的：我在摊位前面，看煎牛排的人如何控制铁盘的高温；卖衣服的阿姨拿着木尺、布尺和熨斗在调整衣裤；那时候流行泡沫红茶，穿着小洋装的娃娃上下摇晃出更香醇的饮料；剪槟榔的人会在手指戴上小塑料套。

劳动和技艺本身就有魅力和价值，反而是在学校的我如同废物，几乎没有任何贡献或者劳动。我无法理解：只会读书的人，为什么反而最被鼓励？我问了身边的长辈、教会里的人，他们给的答案是："会读书就可以不用这么辛苦。"而同时我发现课本内没有我要的东西，后来在教室里便再也坐不住。

那时候的我尚未"社会化"。我完全不想升学，毕竟身边那些拥有能力提供生活所需的人和技艺，根本不在课本上——我爸妈没有，他们的爸妈也没有。爸妈只希望我"至少读得比他们高"，考高职或高中都好，甚至因为教会有劝人读书的风气，而更加鼓励我去教会。最后我因为老师说"读五专很划算，考一次读五年""大专生找工作比较容易"等原因，而选择升学。

我会成为监工，是因为发榜时只有土木系可以读。在学校生活中，我并没有想过要成为土木技师或者其他设计师，因为成绩始终没有起色，学校所教的课程内容对我也毫无吸引力。

当时见家里在市场的生意愈来愈差，我开始寻找各种领基本薪资的打工机会：装计算机、炖牛肉、烤面包、卖月饼和佛跳墙等。有一次我听了老师的话，去图书馆看各种周刊和财经杂志，可看的愈多以后，愈觉得离我很遥远。私立科大的学生都隐约知道自己的身份和地位：那些成功与机会并不属于我，那些优秀企业，我大概也进不去。

那时，我看漫画、读小说。长时间待在教会的效用出现了，我发现自己读得下极为厚重的书籍，并发觉自己的读书品位独特，爱恨鲜明，更有意思的是：这些作家也一样。

放弃学业的好处在于，你可以不被迫地接受套装课本的解释，也可以自己选择读物，这时候，各种书反倒都有意思了起来。流行的小说一下就读完了，我接着去找黄春明、王祯和、钟理和等人的作品读起来，最后读到了霍桑、托尔斯泰和雨果。我一点也不认为那个时候自己是什么有意识地阅读。我没有受过文学训练，只是偏食地多喜欢托尔斯泰、陀思妥耶夫斯基和果戈理一点。

等我毕业以后，和当年不知道为什么要读书一样，我不知道要做什么，只是认为自己乱七八糟地读了七年土木工程，应该去工地看看，可当我到了工地以后，却发现自己几乎管不动。

几次跟着工地师傅前往不知道要做多久的工地时，我保持了继续看厚重书籍的习惯，倒不是因为托尔斯泰和雨果吸引人，而是带这样一本书可以看两次还有余韵，也不会被人借走不还。面对全都不懂的工具、设备名称和材料，以及人生阅历、专业能力都比我强的包商，而我几乎只能被牵着鼻子走的日子里，我深深喜欢上了这些文字。

等到我回过头来发现自己可以管理工地，每天都在吵架并解决问题的时候，我已经二十七岁了。我开始将读过的故事加上动作后，添油加醋地讲给师傅们听，也学会了用各种学来、听来的方法说话，吸引他人注意。我开始说故事，内容通常是：一天工作如何，或者这个工作如何，并且视故事内容调整一下从什么时间点切入，用谁的立场说，大家比较听得下去。在外地工作的漫长时光，我们靠这种方法度日，以这种方法让工作顺利进行，也用这种方式缓解冲突。我的存在感变得强烈而讨喜。

“立青”是个笔名，这是过去用在夜晚上线聊天以及网络游戏的昵称。

自打工时代开始，我将混乱的思绪借由文字爬梳整理，记录成为文字。从起初的“无名小站”，到后来各种部落格，最后又转到脸书上。在二〇一六年底，我母亲的手腕开刀，我便开始在脸书上写长篇文字，因为我觉得大多数人不理解工地，就像我也不理解选举一样。

我的想法很简单：我写清楚一点，让你们看得懂。

在网络上，我用在工地说话的方式，告诉大家“为什么有结冰水”：因为结冰水便宜，劳工消费得起，又能够让冰桶保冰，结冰水罐外包上毛巾后，凝结的水珠能让毛巾变湿，擦汗又解热，而且对于槟榔摊而言，这样的商品利润很好。接着我开始写工地里的人、工地周遭的人……

慢慢地，我发现这样的方式很有用，当细节愈多时，人们愈能理解“另一个世界”的人在做什么，也愈能够彼此理解，进而同理对方。

在网络上，我就像是市场内的鱼贩一样，发现大家不清楚我摊位上的各种鱼货，为了让大家理解，于是我说得更清楚一点，聊起自己在港口和捕鱼人对话的故事，描述台湾的洋流或者船长捕鱼的季节，分析鱼货的进价以及不同部位的料理方式。我告诉身边的人："这些才是每天从基隆渔港现捞的，你们喜欢的鲑鱼大多数是进口啦！""现在这个产季有大量的小管以及中卷。这些软丝大部分都是从宜兰来的。""大雪和小雪的时候就可以捕乌鱼子了。农民历上应该改成'大乌''小乌'才对。"当我的读者懂了这些细节和思维以后，会笑，会开心地讨论起自己的看法。

真实的主观，激起了真实的回复。

我没有想过我会变成作家。

当亚君姐问我有没有兴趣出书时，我的脑海里出现了一个画面：我在教会里和小朋友们说故事，说着说着，拿出一本自己写的书告诉他们："叔叔有出过书哟，在工地也能当作家。"我想着或许有孩子愿意听我说故事，就像我当年在图书馆里翻到的那些作家一样。

第一本书写完以后，我的生活发生了重大改变：我是第一个在工地说故事而出书的人，身边的师傅们向我庆贺，对我的态度也有了改变——他们希望我多写一点，主要的意见在：“为什么你不写我？”等到在电视和杂志上看到关于我的报道，就要我快点去寻找好的未来，对我说：“别待在工地。”叫我快点去找新的工作，当顾问或者读研究所，出去念书。

师傅们现在不是要我说故事，他们对我有说不完的故事，要我听完以后，再说给他们听。我们边说故事边喝酒，任何的哀伤、难受或者尴尬，都可以在喝一杯以后继续说下去，于是就有了第二本书。

说故事的时候，他们很开心，我则是因为他们开心而继续说下去，即使我不知道未来自己究竟要做什么。

我只能确定我还会继续说故事，继续写下去。

图书在版编目（CIP）数据

如此人生 / 林立清著. —北京：中国工人出版社，2019.9
ISBN 978-7-5008-7246-7

Ⅰ. ①如…　Ⅱ. ①林…　Ⅲ. ①故事—作品集—中国—当代
Ⅳ. ①I247.81

中国版本图书馆CIP数据核字（2019）第188643号

著作权合同登记号：图字 01-2019-0161 号

如此人生

出 版 人	王娇萍
责任编辑	董　虹
责任印制	黄　丽
出版发行	中国工人出版社
地　　址	北京市东城区鼓楼外大街45号　邮编：100120
网　　址	http://www.wp-china.com
电　　话	（010）62005043（总编室）
	（010）62005039（印制管理中心）
	（010）62004005（万川文化项目组）
发行热线	（010）62005049　（010）62005041　（010）62046646
经　　销	各地书店
印　　刷	北京盛通印刷股份有限公司
开　　本	880毫米×1230毫米　1/32
印　　张	8.75
字　　数	150千字
版　　次	2019年11月第1版　2019年11月第1次印刷
定　　价	46.00元